KB113333

지역생태
활동가
도코로지스트
이야기

Tokorojisuto-Shizen Kansatsu kara Hajimaru "Basho no Semmonka"
Copyright ⓒ 2014 by Atsushi Hakoda
First published in Japan in 2014 by Wild Bird Society of Japan, Tokyo
Korean translation rights arranged with Wild Bird Society of Japan
through Japan Foreign-Rights Center/ Shinwon Agency Co.

지역생태활동가, 도코로지스트 이야기

초판 1쇄 발행   2016년 11월 28일

지은이   하코다 아쓰시
옮긴이   김미라
기획   물푸레생태교육센터
편집   김영미

펴낸곳   이상북스
펴낸이   송성호
출판등록   제313-2009-7호(2009년 1월 13일)
주소   03970 서울특별시 마포구 성미산로 5길 72-2, 2층.
전화번호   02-6082-2562
팩스   02-3144-2562
이메일   beditor@hanmail.net

ISBN 978-89-93690-41-5   (03300)

* 책값은 뒤표지에 표기되어 있습니다.
* 파본은 구입하신 서점에서 교환해 드립니다.
* 이 책의 전부 또는 일부 내용을 재사용하려면 반드시 저작권자의 사전 동의를 받아야 합니다.

이 도서의 국립중앙도서관 출판예정도서목록(CIP)은 서지정보유통지원시스템 홈페이지
(http://seoji.nl.go.kr)와 국가자료공동목록시스템(http://www.nl.go.kr/kolisnet)에서
이용하실 수 있습니다.(CIP제어번호: CIP2016025903)

지역생태 활동가 도코로지스트 이야기

하코다 아쓰시 지음 | 김미라 옮김

우리 동네에서
즐겁게 살기,
재밌게 놀기!

이상북스

여러분은 자연관찰을 새나 꽃 등의 생물을 관찰하는 것으로만 생
각하고 있지 않나요? 저도 처음에는 그렇게 생각했습니다. 그러나
지금은 자연관찰의 진정한 의미가 그것만이 아니라고 생각하고
있습니다.

 자연은 그 장소의 역사나 문화와도 깊은 관계를 가집니다. 스스
로 정한 '필드'(field, 자신이 애착을 가진 공간 또는 장소)를 자기 발로 걸
으며 그 장소에 스며든 역사와 문화에까지 눈을 돌리면 자연은 또
다른 모습을 보여 줍니다. 그때 마음속에 필드에 대한 깊은 애착과
책임감이 생겨납니다. 제게 그것을 가르쳐 준 것이 '도코로지스트'
(トコロジスト)라는 말입니다.

 2008년 히라즈카(平塚) 시 박물관의 관장이었던 하마구치 데쓰

이치(浜口哲一) 선생님에게 처음으로 '장소의 전문가＝도코로지스트'라는 말을 들은 이래, 저는 도코로지스트가 되기 위해 한 손엔 지도를 들고 아이와 함께 집 주변을 걷기 시작해 지금도 계속 걷고 있습니다.

그 과정에서 여러 가지를 배웠습니다. 하나의 장소를 지속적으로 관찰하는 것의 즐거움, 아이들에게 있어서 필드의 소중함, 그리고 지역 속에서 어른들의 역할 등입니다.

이 책에서는 그때그때마다 제가 느낀 것과 생각한 것, 다시 말해 왜 자신만의 필드를 가지는 것이 좋은지, 어떻게 자신의 필드를 걸으며 관찰하고 기록을 남겨 가야 하는지에 대해 썼습니다. 저와 같은 시대를 살아가고 있는 많은 사람들에게 공감이 되는 내용들이라 생각합니다.

자연관찰에 흥미를 가진 사람, 앞으로 자신이 발 딛고 사는 곳에 눈을 돌려 보고자 하는 사람에게 이 책이 조금이라도 도움이 되면 좋겠습니다. 자신이 사는 장소에 애정을 가지는 사람이 늘어나기를 희망합니다.

이 책을 출판하는 데 도움을 준 다바타 유(田端裕) 님, 하마구치 사치코(浜口幸子) 님께 감사드립니다. 또 도코로지스트라는 단어를 널리 알리고 싶어 하셨던 하마구치 선생님과 저의 동일한 꿈을 많은 분들의 협력으로 이룰 수 있게 된 것에 감사드립니다.

하코다 아쓰시(箱田敦只)

도코로지스트?
도코로지스트!

2014년 12월 어느 날 집으로 한 권의 책이 도착했다. 일본야조회의 이이즈카 사무국장님이 보낸 소포였다. 나는 일본야조회의 회원으로 몇 년간 월간지와 일본 내의 다양한 소식을 받아 보곤 했다. 그런데 이번엔 책이었다. 일본야조회에서 출간한 《도코로지스트》라는 손바닥보다 약간 큰 사이즈의 책이었다. 당시 물푸레생태교육센터를 만들기 위해 동분서주하던 터라 나는 책을 받고 한 달이 지나서야 펼쳐 보았다.

'도코로지스트'가 무슨 말이지? 한 줄 한 줄 책을 읽어 내려가며 놀라지 않을 수 없었다. 바로 우리 단체가 지향하고 있는 내용이 일목요연하게 정리되어 있었기 때문이다. 도코로지스트는 장소를 뜻하는 '도코로'라는 일본어에 전문가 혹은 행위자를 뜻하는 '-ist'

를 합한 조어로, '장소의 전문가'를 뜻한다. 지역의 생태 활동가들이 자신이 살고 있는 지역에 정착하지 못하고 여기 저기 떠돌고 있는 상황에서 바로 이런 도코로지스트 활동이 그 어느 때보다 필요한 시기라고 생각한 나는 단숨에 책 읽기를 마쳤다. 그리고 이이즈카 사무국장님께 메일을 띄웠다. "제가 이 책 번역하겠습니다." 일을 벌이고 말았다.

그후 2015년 1월, 일본으로 건너가 이이즈카 국장님과 출판 담당자, 저자와 일러스트레이터를 만나 1년 후 한국에서 꼭 책이 나올 수 있게 하겠다고 다짐하고 1년 6개월이 지났다.

내가 이 책이 꼭 출간되어야 한다고 생각한 이유는 다음과 같다.

현재 생태 해설을 진행하는 다양한 장르의 사람들이 여러 경로를 통해 배출되고 있다. 각기 나름의 의미를 부여해 가며 자원봉사로 또는 직업으로서 잘 알려진 산이나 생태공원, 숲 체험장 등의 공간에서 주어진 교육 프로그램을 운영하며 생태 교육 활동을 하고 있다.

아까웠다. 내가 서울 은평구라는 일정한 장소에서 활동하는 단체인 물푸레생태교육센터에 몸담고 있기에 더욱 그렇게 느꼈다. 물론 어디서든 의미 있는 활동이 이루어진다면 좋은 일이지만, 그것이 자신이 살고 있는 마을이라면 더욱 좋지 않을까. 마을을 위해서도, 자신을 위해서도.

내가 진심으로 지구를 위해, 북극곰을 위해 무언가를 해야 한다면, 그 시작은 우리 마을에서부터일 것이다. 내가 사는 마을에서 그 마을이 더 풍요롭고 아름다운 마을이 될 수 있도록, 애착을 가지고 살아갈 수 있는 마을이 될 수 있도록 지켜내는 한 사람으로 살아가는 것이 더 의미 있는 일이 되지 않을까 나는 생각했다. 이렇게 자신이 살고 있는 마을에서 마을을 지키는 다양한 활동을 해 나간다면, 설악산을 아끼는 그 마을 사람들을 무시하고 설악산에 케이블카를 설치하지 못할 것이며, 고요하고 아름다운 마을인 제주 강정이 군사기지로 바뀌지도 않았을 것이며, 김포공항 습지가 골프장을 이용하려는 몇몇 외지인에 의해 파괴되지도 않았을 것이다.

마을 원주민들의 의견이 무시되는 말도 안 되는 개발의 압력으로부터 우리 마을을 지킬 수 있는 길은 오직 내가 사는 마을에 대해 누구보다 내가 더 잘 알아야 한다. 그리고 그 시작이 '지역생태활동가, 도코로지스트'일 거라 믿는다.

도코로지스트라는 일본어를 어떻게 우리말로 표현하느냐가 가장 큰 문제였다. '터지기' '삶터쟁이' '동네박사' '마을박사' '마을꾼' '지역전문가' '동네전문가' '마을생태전문가' 등등 정말 많은 단어를 생각했지만, 원어의 의미를 제대로 담은 직질한 단어를 찾지 못했다. 그 과정에서 여러 사람들에게 의견을 물었다. 전문가라는 단어가 권위적이라는 의견도 있었고, 좀 더 부드러운 표현이 좋겠다는 의견도 있었다. 그럼에도 처음 이 단어를 들었을 때 그 의미가 한번에 들어와야 한다는 생각이 가장 중요했다.

번역을 시작한 지 1년이 지나서도 나는 도코로지스트를 어떻게 우리말로 표현할 수 있을까 끊임없이 고민하고 있었다. 결국 우리가 선택한 단어는 도코로지스트! 일본어인 도코로지스트가 품은

뜻과 간결한 어감까지 우리말로 표현하는 데 한계를 느꼈기 때문이다. 그러나 일단 이 책을 통해 도코로지스트의 의미와 활동상이 자세히 알려지면, 도코로지스트가 가진 의미의 우리말을 보다 여러 사람들이 함께 궁리해 나갈 수 있지 않을까? 물론 각 마을에서 부르기 편한 명칭으로 불러도 좋을 것이다. 다만 이렇게 불릴 수 있는 사람들이 각 지역에 조금씩 많아지기를 바랄 뿐이다.

번역을 전문적으로 하는 사람이 아니다 보니 서툰 표현도 있고, 그 의미를 충분히 전달하지 못한 부분도 있을 것이다. 나는 다만 지역생태활동가의 필요성을 강조하고 싶었다. 이 책이 빛을 보게 된 것만으로도 충분히 감사하다.

이 책을 가장 먼저 선물해 주신 이이즈카 사무국장님, 뵌 적은 없지만 도코로지스트라는 단어를 세상에 낳아 주신 고 하마구치 선생님과 책으로 만들어 낸 저자 하코다 씨에게도 감사드린다. 번역하는 동안 같이 고민하고 힘을 보태 준 물푸레생태교육센터의 실무진과 이사님들, 지역생태활동가 분들께도 감사드린다. 이 책의 중요성을 알아주시고 뜻을 모아 주신 이상북스에도 감사드린다.

앞으로 내가 사는 마을에서 무언가를 시작하고 싶은 모든 사람들에게 이 책이 좋은 참고서가 되기를 바란다.

물푸레생태교육센터
도토리 김미라

제1부

나의 이야기

0 ————————— 내가 사는 마을에서
내가 좋아하는 장소

어느 날 친구 가족과 함께 가까운 동네 산(나는 교외에 살아서 근처에 동네 산이 있다)에 반딧불이를 보러 갔다. 그 친구와는 딸이 다니는 유치원의 아빠 모임에서 낯을 익혔는데, 그는 외국 자본계의 자동차 부품 제소사 샐러리맨으로 해외 출장이 잦은 사람이다.

그날 우리는 논이 펼쳐진 수로변 200미터 정도를 천천히 걸으며 100마리 정도의 반딧불이를 볼 수 있었다.

"와~ 집 근처에도 이런 곳이 있었네? 몰랐어요."

반딧불이가 발하는 환상적인 빛에 감동해 그가 내뱉은 이 말을 듣고 나는 기뻤다.

"그렇죠. 여기는 오래전에 구릉지로 둘러싸여 만들어진 골짜기가 그대로 남은 곳이에요. 사실 이 수로는 미자와 강(三沢川)의 원류이기도 하답니다"라고 말했더니 "음, 미자와 강은 어디 있나요?"라는 질문이 돌아왔다.

"네?" 나는 그 질문에 바로 대답할 수 없었다. 미자와 강은 그가 사는 집 바로 옆을 흐르는 강이었기 때문이다. 국제적으로 활약하는 그에게 집 근처 강의 이름은 그다지 중요한 정보가 아니었던 모양이라는 생각에 약간 문화적 충격을 받았다. 사실 글로벌 사회에 사는 우리 현대인들은 매일 이메일이나 전화로 세계 어디에서나 커뮤니케이션이 가능하다. 그러나 다른 한편으로는 자신이 어떤 곳에 살고 있고, 어떤 자연에 둘러싸여 있는지, 어떤 역사를 가진 땅에 살고 있는지 등 자기 터전에 대해 관심을 가지는 일은 드물다.

사는 곳에 애착을 갖지 않아도 살아갈 수 있고, 오히려 그 편이 얽매이지 않고 자유롭게 살아갈 수 있다는 생각이 있을지도 모른다. 나 역시 얼마 전까지만 해도 '환경이 나빠지면 이사하면 그만이지'라고 생각했다. 일본이 경제 발전을 이룩하는 과정에서 나 같은 생각을 하는 사람들이 많아졌으리라 생각한다. 아이들도 마찬가지다. 뿌리 없는 나무와 같은 생활방식은 세대를 넘어 이어진다.

이런 상황에서 '나라고 별 수 있나' 하는 포기와 '이대로 끝나는 건가' 하는 불안 둘 다를 갖고 있었다.

자기가 사는 곳에 뿌리를 내리고 살아가는 사람들도 분명 있다. 내가 근무하는 일본야조회(日本野鳥会) 회원들이 바로 그렇다.

일본야조회는 새를 통해 자연을 지키는 자연보호 NGO다. 전국에 약 4만 명의 회원이 있고, 대부분은 새를 좋아해서 자신이 좋아하는 장소에서 새 관찰을 즐긴다. 그중에는 같은 장소를 20~30년씩 계속 다니며 다른 어떤 사람들보다 그 장소를 더 잘 알게 된 이들도 많다.

그런 사람들을 '도코로지스트'(장소의 전문가)라 한다. 특정 장소(필드)를 정해서 자주 다니며, 새뿐 아니라 곤충과 식물, 지질과 지형, 역사와 문화 등 다양한 분야에 관심을 가지고 지속적으로 관찰한다. 어떤 계절에 무엇을 볼 수 있는지, 10년 전과 지금 자연의 모습은 어떻게 바뀌었는지 등 한 장소에 대해 관찰하는 도코로지스트들의 공통점은 자신이 좋아하는 장소에 대한 깊은 애정이다.

그러나 이 도코로지스트들이 처음부터 도코로지스트였던 것은 아니다. 산책을 하다가 어느 날 인상적인 새를 보았다든지, 석양이 지는 아름다운 풍경을 목격했다든지 등등 아주 작은 일들이 계기가 되어, 그때부터 누가 시킨 것도 아닌데 매주, 매월 같은 장소를 다니다가 어느새 그 장소에 대해 누구보다도 잘 알게 된 것이다.

나도 늦되기는 하지만 도코로지스트의 길을 걷기 시작했다. 살고 있는 마을에 별다른 애정을 품지 않았던 내가 육아를 계기로 도코로지스트로서 눈을 뜬 것이다. 그 일이 얼마만큼 내 일상을 풍요롭게 해 주고 있는지 모른다.

산책 도중 길 귀퉁이의 작은 꽃과 곤충, 가로수 가지에 머문 새들의 모습을 보면 사진을 찍어 보자. 그리고 도감에서 찾아 작은 노트에 기록해 보자. 그 앞에 지금까지와는 다른 도코로지스트의 세상이 기다리고 있을 것이다.

1 ____
도코로지스트란 어떤 사람인가

그 장소의 전문가

건강 열풍과 함께 '걷기'가 주목받고 있다. 서점에 가면 산책이나 워킹에 대한 잡지나 책두 많고, 길과 공원에서 누년층은 물론 청장년층에 이르기까지 폭넓은 세대가 다양한 스타일로 걷기를 즐기는 모습을 자주 본다. 걷는 행위에는 흔히 '운동 부족 해소' '기분 전환', 나아가 '자연관찰'이나 '사적지 둘러보기' 등의 목적이 있다.

여기에서 내가 말하고 싶은 '걷기'는, 걷기를 통해 그 장소에 대해 상세히 알게 되고 그 장소에 대한 이해를 깊게 하는 산책이다. 그와 같은 걷기를 하는 사람을 '도코로지스트'(그 장소의 전문가)라 부른다.

여기서 '도코로지스트'란 '장소'를 나타내는 도코로(所)에 '~을 하는 사람'이라는 의미의 '-ist'를 붙인 조어로서, 그 장소의 전문가라는 의미다. 2005년쯤부터 사용하기 시작한 말로, 사전에는 등재되어 있지 않다. '○○산의 도코로지스트' '○○공원의 도코로지스트' '○○호수의 도코로지스트' 등등의 용법으로 쓰일 수 있다.

하마구치 데쓰이지 선생님의 사상

이 단어는 히라즈카 시 박물관(가나가와 현 소재)의 관장이었던 고 하마구치 데쓰이지 선생님이 주창한 '장소의 전문가'라는 발상에서 출발했다. 하마구치 선생님은 박물관의 학예원이자 일본야조회 가나가와 지부의 지부장이었고, 일본자연보호협회 자연관찰지도원 강습회 강사로 활동하며 공적으로나 사적으로 가나가와 현 자연보호 활동에 온 힘을 쏟았다.

어떻게 '장소의 전문가'라고 하는 생각에 다다랐을까. 평소에 하마구치 선생님은 다음과 같이 말했다.

지금까지 '전문가'라는 명칭은 일반적으로 '조류학'이나 '식물학' '곤충학' '역사학' 등 어느 특정 학문 분야에 대해 상세하고 전문적인 지식을 가진 사람을 가리켰다. 그러나 자신이 좋아하는 장소를 몇십 년씩 다니는 사람들 중에는 개별 분야에 대해서는 그렇게 전문적이지 못하더라도 '그 장소에 대해 어느 누구보다 잘 아는' 사람이 많다. 그들이 꼭 새나 식물 전문가인 것은 아니다. 그러나 자신이 다니는 장소(필드)에 대해서는 구석구석까지 걸어 보았고,

여러 분야에 걸쳐 잘 알고 있다.

하마구치 선생님은 이런 전문성이 분야나 주제에 따른 여타의 전문성과는 다른 것이라며, '그 장소의 전문가'라고 이름 붙였다. '장소 전문가'들은 소위 전문가라 불리는 사람들과는 다른 관점으로 지역의 자연을 소중히 생각하고 지켜 내려 힘쓴다. 이런 시민으로서의 관점을 가진 사람들에게 사회적인 위치를 지어 주고자 하마구치 선생님은 모색했던 것이다.

선생님은 이런 생각을 여러 저서와 강연회를 통해 반복해 이야기했고, 여기에 공감한 일본야조회 회원 다바타 유 씨가 '도코로지스트'라는 이름을 붙여 이 말이 탄생했다.

도코로지스트에 함의된 메시지

장소에 애착을 갖는다: 장소성

첫 번째는 장소에 애착을 갖는 것의 중요성이다. 이것은 말할 것도 없이 '도코로지스트' 명칭의 유래이기도 하다.

당신은 지금 자신이 살고 있는 장소에 대해 다음과 같은 생각을 가져 본 적이 있는가?

'지금 여기에 사는 것에 대해 별 생각이 없다.'

'언젠가 나는 여기를 떠날 것이다.'

'집과 지하철역을 왕복할 뿐, 계절 변화에는 관심 없다.'

'이웃과의 대화가 없어 편하지만, 외롭다.'

'환경이 나빠지면 다른 데로 이사를 가면 된다.'

산업화 이전에는 거의 대부분의 사람들이 논과 밭을 경작하며 토지를 통해 지역 사회와 연결되었다. 그러나 경제 성장과 도시화에 의해 사람들의 삶의 방식은 크게 변했고, 토지와 사람, 사회와의 연결 등에서 삶의 뿌리를 잃어버린 것 같다.

그렇다고 다시 옛날의 지연·혈연 사회로 돌아가자는 것은 아니다. 지금 생활을 즐기면서 뿌리를 다시 만들어 가는 것, 그 방법의 히니기 도고로지.'드라고 '생긱한다

폭넓은 분야에 흥미를 가진다: 학제성

두 번째 메시지는 폭넓은 분야에 흥미를 갖는 것의 중요성이다. 한 장소에 애착을 가져 그 장소의 모든 것을 깊이 이해하고자 한다면 하나의 전문 분야에만 머무를 수가 없다.

그 예로 새의 시점에서 보면 그 장소에 둥지를 만들 자리가 있는지, 새끼를 키우기 위한 풍부한 먹이가 있는지, 적으로부터 습격당했을 때 숨을 곳이 있는지 등을 살펴보게 된다. 그리고 먹이인 곤충과 열매, 숨을 장소라는 환경에 주목해서 볼 경우, 이번에는 그 장소에 어떤 식물이 살고 있는지가 중요해진다. 식물의 분포를 생각할 때는 그 장소가 물이 모이는 습한 골짜기인지 건조해지기 쉬운 산등성이인지, 그리고 토지의 성질과 습도, 풍향, 일조량은 어떤지 등을 살펴보아야 한다.

이 외에도 그 장소의 식물 모습과 경관에 인간이 크게 관여한 경우도 있다. 옛날부터 골짜기에 물이 풍부한 지형에서는 벼가 경

작되어 왔거나, 주변 사면에 숯의 원료가 되는 졸참나무나 상수리나무 등을 심거나 했다. 그 토지에서 이어져 온 산업과 사람의 생활, 문화가 그곳의 경관을 만들어 온 면도 있다.

그렇게 생각하면 그 지역의 자연을 이해하기 위해서는 새뿐 아니라 곤충과 식물, 또 그러한 생물들이 살아가는 토대를 이루는 지형과 역사, 문화에도 관심을 가져야 한다. 나아가 그 장소의 보전을 생각하면 토지의 소유 관계와 법적인 위치 설정, 앞으로의 행정 계획 정보를 수집하는 것도 필요하다. 설령 한정된 하나의 장소라해도 좀 더 깊게 보려고 하면 얼마나 많은 분야가 존재하는지 모른다.

이런 이야기를 하면 "도코로지스트가 되려면 무엇이든지 알아야 하는군요? 저는 어렵겠어요"라며 포기하는 사람도 있다. 분명이런 모든 것을 혼자 조사하려고 생각하면 힘들다.

'이 정도는 알아 두어야 한다'가 아니라 자신이 좋아하는 새를 보면서 조금 다른 분야에도 주의를 기울여 보는 정도의 관심이어도 좋다고 생각한다. 부담스럽게 생각하지 말고, 그러나 매회 하나정도는 새로운 발견을 할 수 있는 걷기 방법을 쌓아 나가는 것이 중요하다.

시민이라는 사실에 자부심을 갖는다: 시민성

마지막으로 시민이라는 사실에 자부심을 갖는 것의 중요성이다. 이것을 아마추어리즘이라고도 말할 수 있을까. 보통 '전문가'라는 명칭은 '새'나 '식물' '역사' 등 '어느 특정한 학문 분야를 잘 아는 사람'을 가리킨다. 그러나 자신의 필드를 지키고 싶어하는 아마추어가 반드시 학문의 전문가인 것은 아니다. 그들 중에는 매주 필드에 다니면서 20~30년씩 같은 장소를 계속 보아 온 사람도 있다.

일반론이 아닌 구체적인 어떤 장소를 보전하려 할 때, 아마추어지만 그 장소에 대해서 누구보다 자세히 알고 있는 사람의 의견이 실제로 중요하다. 그러나 그들에게는 사회적 지위도, 발언력도 없다. 그래서 하마구치 선생님은 그런 사람들에게 '도코로지스트'라는 명칭을 부여함으로써 '동물학 전문가' '생태학 전문가' 등 각 분야의 전문가와 같은 무게로 '그 장소의 전문가(=도코로지스트)'라는 개념을 도입시키려고 한 것이다.

그러면 도코로지스트와 각 분야의 전문가는 어떤 관계를 가질까? 하마구치 선생님이 이야기했던 사례로, 야마나시 현의 오토메(乙女) 고원에서 활동하는 '오토메고원팬클럽'이라는 그룹이 있다. 이 그룹은 정기적으로 다양한 분야의 전문가를 초청해 공부 모임을 연다. 예컨대 호박벌 공부 모임에서는 호박벌 전문가에게 벌의 생태뿐 아니라 전국적인 동향 등에 관한 정보를 얻는다. 이처럼 도코로지스트가 있는 곳에 때때로 조류 전문가나 곤충 전문가, 식물 전문가가 와서 필드를 보고 새와 관련해서는 이러한 점이 특이하다든지, 이곳을 이렇게 하면 좀 더 재밌지 않을까 등의 조언을 해준다.

도코로지스트와 학문 분야의 전문가가 교류를 통해 서로의 부족한 부분을 채워 줄 수도 있고, 깊고 폭넓은 관계를 쌓아 나갈 수 있다. 이것은 그 장소의 자연보호를 생각할 때 중요하다(177쪽 참조).

이처럼 도코로지스트라는 말 속에 담긴 '장소성' '학제성' '시민성'에 대한 메시지는 모두 오늘날 우리에게 중요한 시사점을 던진다.

당신도 도코로지스트

그러면 구체적으로 도코로지스트란 어떤 사람일까? 도코로지스트는 엄밀한 정의가 있는 것도 아니고, 자격이 있어야 하는 것도 아니다. 지금까지 하마구치 선생님이 말해 왔던 것을 기초로 도코로지스트라고 할 만한 사람들의 활동을 떠올리며 아래에 그이미지를 나열해 보았다. 스스로 어느 정도 해당하는지 살펴보기 바란다.

- 자기 필드를 한군데 정해 적어도 월 2~3회는 그 장소를 다닌다.
- 자기 필드의 지형도에 익숙하고 그것을 항상 가지고 다닌다.
- 지형도를 가지고 걸으면서 지금 자기 위치를 지도상에 정확하게 표시할 수 있다.
- 그 장소에서 흔히 볼 수 있는 새, 곤충, 동물을 알고 있다.
- 그 장소의 역사를 대략 이야기할 수 있다.
- 그 장소의 지형과 길 등에 대해서라면 아무리 세세한 길이라도 잘 안다.
- 자기 필드의 그 해 벚꽃 개화일, 매미가 처음 운 날, 제비가

처음 날아온 날 등 생물들의 움직임을 파악하고 있다.

- 자기 필드의 토지가 사유지인지 공유지인지 등을 알고 있다.
- 자기 필드를 지자체에서 어떻게 관리하고 있는지 알고 있다.
- 그곳에서 일하는 사람들, 공원 관리원 등과 친하게 지낸다.
- 자기 필드에 애착이 있고, 자기 소유처럼 책임감을 가진다.
- 자기 필드의 정보를 제3자에게 전한다.

요컨대 도코로지스트란 자기 필드에 자주 다니고, 그 장소에 관해서라면 다양한 분야에 통달해 있으며, 토지에 애착과 귀속감을 가진 사람이다.

농업과 수산업 등 1차 산업에 종사하는 사람 중에는 이런 이들이 이미 있다. 그들은 각각의 생물 이름에 대해서는 전문적인 지식이 없더라도, 어떤 생물이 어디에 살고 있는지, 그 생물을 언제쯤부터 볼 수 있고 언제쯤 안 보이는지 아주 잘 알고 있다. 또 지역에서 오랫동안 취미로 자연관찰을 해 온 사람 중에도 그 땅의 자연을 자세히 아는 도코로지스트가 많다.

도코로지스트의 전문성은 대학에서 공부를 해 습득한 지식이 아닌, 그 장소를 걸었던 시간과 그 장소에 대한 강한 애정만 있으면 누구라도 습득할 수 있다.

2 _____ 도코로지스트에 끌린 이유

도코로지스트와의 만남

내가 '도코로지스트'와 처음 만난 것은 2007년 가을이다. 야마토 시 자연관찰센터(가나가와 현 소재)에서 열린 자원봉사자를 위한 강연회에 하마구치 선생님이 강사로 오게 된 것이 계기였다. 주제는 '도코로지스트를 추천합니다'였다. 그 강연을 들으면서 나는 '도코로지스트'라는 말에 왠지 모르게 강하게 끌렸다.

뭔가 뒷목을 잡아당기는 것 같은 느낌으로 반년을 지낸 후 2008년 3월, 내 직장인 도쿄 일본야조회 사무실에서 하마구치 선생님의 이야기를 다시 한 번 들을 기회가 있었다. 직원 공부 모임 때였다(175쪽 이하 참조).

하마구치 데쓰이치 선생님.

　하마구치 선생님의 이야기를 들으면서 지금까지 나의 성장 과정과 생활방식, 내 아이들에 대한 생각이 머릿속을 맴돌았고, 도코로지스트라는 단어에 강하게 끌린 이유를 조금씩 알게 되었다. 한마디로 일과 사적인 생활을 포함해 지금까지 내 속에 없었던 생활방식을 이 단어에서 발견했던 것이다.

자연이 싫다는 딸

　2008년 당시 나는 일본야조회에서 시민을 위한 프로그램을 개최하는 일을 하고 있었다. 지역 아이들에게 자연에 관해 전해 주는 자원활동가 리더와 지역의 자연을 조사하는 자원활동가를 육성하는 일 등이 주요 업무였다.

동시에 개인적으로는 갓 태어난 아이와 5세 여자아이의 아버지였다. 직업이 직업인지라 나는 아이들을 가능한 한 자연 속에서 자라게 해 주고 싶었다.

그러나 도코로지스트라는 말을 만났던 시기, 나는 일과 육아로 괴로운 때가 많았다. 당시 일과 사생활 사이에서 자기모순에 빠진 것이 원인이었다.

일본야조회에서 근무하는 우리들은 자연과 새를 지키는 일을 한다. 그 활동의 일환으로서 많은 사람들에게 새를 가까이에서 즐길 수 있는 생활을 권한다. 각종 행사에서 "생활 속에서 새 관찰을 즐깁시다"라고 이야기하면 "저도 그런 생활을 하고 싶어요"라고 말하는 사람이 많다. 그러면서 우리가 휴일에도 자연 속에서 지낸다고 생각하는 것 같았다. 그러나 현실은 조금 달랐다. 우리는 휴일에도 일에 쫓기는 경우가 많았고, 더욱이 나는 일로 자연에 나가는 일이 많아 모처럼의 휴일에는 쇼핑을 하거나 집에서 빈둥거리며 쉬고 싶었다. 게으름 피우는 버릇이 있었다.

아이들이 태어나고서도 그런 생활을 하다가 '우리 아이들이 자연을 싫어한다'는 사실을 알게 되었다. 큰딸이 네 살일 때, 아내와 딸과 함께 셋이서 산책을 하다가 마주친 가로수에 붙어 있던 매미 껍질에 눈길이 갔고, 나는 그것을 손으로 집어 딸에게 건네려 했다. 나야 항상 하던 일이었다. 그러나 큰딸은 갑자기 얼굴을 감싸고 잡고 있던 손을 뿌리치고는 엄마 뒤에 숨어 나를 째려보았다.

또 한 번은 방에 나방 한 마리가 날아들어 벽에 찰싹 붙었다. 이것을 보더니 딸은 또 격한 거부 반응을 보였다. 그러고 보니 휴일에 캠프장에 갔을 때도 산책로가 있는데도 걷고 싶지 않다며 실내에서 나오지 않았다…….

'우리 애만큼은'이라고 생각하면서 눈앞에서 일어나는 일을 그냥 모른척하기도 했다. 그러나 되돌아보면 아는 사람도 별로 없는 지역에서 첫 출산을 하고 익숙하지 않은 육아에 분투하는 아내에게 아이를 자연 속으로 데리고 나갈 여유가 있었을 리 없다. 집 근처 공원 모래밭에서 노는 것이 고작이었다. 그 이상을 기대한다면, 그것은 내가 담당해야 할 몫이리라.

다른 가정의 아이들을 자연 속으로 데리고 다니는 동안 내 아이는 자연에서 놀지 못하는 아이로 자란 것이다. 이 얼마나 모순된 이야기인가. 일에서 얻은 지식과 기술을 내 가족에게는 제대로 활용하지 못한 것이다.

이대로라면 나는 가정에서도 실격이고, NGO 직원으로서도 세상에 거짓말을 하는 것이 된다. 자연과 친해지는 것이 인생을 풍요롭게 해 준다는 것을 스스로 증명해 보이지 않으면, 내 말이 설득력을 잃지 않겠는가.

어린 시절을 되돌리고 싶다

도코로지스트가 되려고 한 또 다른 이유가 있다. 그것은 어린 시절로 거슬러 올라간다.

고도성장기의 부산물 같은 세대

나는 1964년 도쿄에서 태어나 그후 나고야 시 교외의 이와쿠라 시라는 곳으로 이사했다. 이와쿠라 시는 그 당시 인구가 증가하는 나고야 시의 근교 주택 지대(베드타운)로서 마을에서 시로 갓 승격한 뉴타운이었다. 그곳에 건설된 대 단지가, 철들고서 나의 첫 주거지가 되었다.

1964년이라고 하면 도쿄 올림픽의 해, 나는 고도성장기의 부산물과 같은 세대였다. 아버지는 국산 신발 제조사에 근무하는 샐러리맨이었고, 아버지가 다니던 회사는 미국의 신발 제조사와 업무 계약을 체결해 일본인을 위한 브랜드 구두를 제조해 판매하기 시작했다. 전국에 영업소가 하나 둘씩 개설되어 아버지는 여러 지방으로 전근을 다녔다. 우리도 아버지와 함께 다녀야 했으므로 나는 전학을 되풀이했다. 초등학교 4학년부터 중학교 2학년까지 5년간 이와쿠라 시(아이치 현), 히로시마 시(히로시마 현), 니시노미야 시(효고 현), 나고야 시(아이치 현), 이렇게 네 개 지역에서 살았으며 초등학교는 세 학교, 중학교는 두 학교를 다녔다. 행동범위도 넓고 근처 야산을 놀이터 삼아 동네와 깊은 관련을 맺어야 할 소년 시절에 거의 일이 년에 한 번 꼴로 이사를 다녔기 때문에, 내게는 살던 동네에 애정을 가져 본 경험이 없다.

여러 동네에 산 것은 그만큼 다양한 문화에 접할 수 있는 기회기에 좋은 점도 있다. 그러나 계속 같은 동네에 살면서 자신이 사는 동네에 뿌리를 내린 친구들이 조금은 부럽기도 했었다. 어린 마음에 이 동네 저 동네 자유롭게 떠돌아다니는 뿌리 없는 풀의 편안함과 결핍감 둘 다를 느꼈던 것 같다.

그후 성인이 되어 취직을 하고, 직장에서 아내를 만나 결혼해 아이가 태어나고서도 내가 사는 동네에 특별한 애착을 갖지 않았다. 그러나 아이가 생기자 내가 사는 동네에 둔감할 수만은 없었다. 사는 집 가까이에 안전하게 놀 수 있는 공원이 필요했고, 가능하면 자연이 풍부했으면 좋겠어서 도쿄 교외의 이나기 시라는 작은 동네로 이주했다. 여기라면 편리하기도 하고 자연도 적당히 남아 있어 아이를 키우기에는 최적이라고 생각했다.

그러나 딸이 '유아'에서 '어린이'가 된 시점에서 나는 이대로 좋은 건지 자주 생각하게 되었다. 아이가 태어났을 무렵, 나는 아이에게 여러 가지를 해 주고 싶었다. 그러나 언제부터인가 바쁜 일정에 쫓겨 아이와 함께 보내는 시간을 소홀히했고, 그러는 사이 아이는 점점 성장했다. 문득 이런 사실을 느끼고서 가끔 밖에 데리고 나갔지만, 아이는 이미 손이나 옷에 흙이 묻는 것을 싫어하고 곤충을 만지거나 흙과 물에 닿는 것을 싫어하는 아이가 되어 있었다. 그 모습을 보고 막연한 불안함을 느꼈다. 하마구치 선생님에게 도코로지스트라는 말을 들은 것이 바로 그 시기였다.

소년 시절에 하지 못했던 것

지금 생각해 보면 나는 도코로지스트에 관한 이야기에서 내가 경험하고 잊어 버렸던 것을 무의식중에 추구했던 것 같다. 흔히 '육아는 자신의 어린 시절을 다시 한 번 사는 것이다'라고 말하듯, 아이들의 모습을 보고 있노라면 내 어린 시절을 회상하게 된다. 그리고 '내 어렸을 때의 경험을 아이들에게 전해 주고 싶다'는 마음과 함께, '내가 경험할 수 없었던 것을 아이들과 함께 해 보고 싶다'는 생각도 든다.

내 경우에 그 경험할 수 없었던 것은 한 지역과 깊이 관계 맺는 과정이었다. 그리고 내 어린 시절의 '결핍'을 육아를 하면서 채워 보고 싶다는 마음을, 도코로지스트라는 말이 뒤에서 받쳐 주는 것만 같았다.

어쨌든 나는 도코로지스트라는 말을 만나고서, 그것을 일뿐 아니라 사적인 생활에서도 실천해 보기로 마음을 가다듬고 결심했다.

3 ──────────────
이렇게 시작했다

딸과 산책을 시작하다

2008년 10월, 나는 우선 딸을 가까운 시로야마(城山) 공원 숲에 데려가기로 했다. 딸은 공원에 가는 건 좋아했지만 숲에는 가고 싶어 하지 않았다. 손과 옷에 흙이 묻는 걸 싫어했고 곤충과 이파리의 촉감이나 진흙 개구리 등 눅진거리는 것들을 무서워했다. 숲에 들어서며 잡고 있던 손을 슬쩍 놓으면 곧바로 내게 달라붙었다.

그래도 끈기를 갖고 휴일마다 데리고 나갔더니, 조금씩 산에 익숙해져서 한 달이 지나자 도토리나 동백나무 열매를 주머니 가득 가져오거나 쥐며느리나 개미, 송장벌레, 사마귀 등의 작은 곤충이나 벌레를 채집통에 넣어서 가지고 돌아올 정도가 되었다. 때로는 작은 동물을 막대기로 건드려 보거나 손으로 잡아 보려고도 하며, 본래 가지고 있던 아이다운 감성이 눈떠 가는 것 같았다.

생물들을 만지게 되면서 작은 자신감이 생기고 다음 행동에 대한 동기부여가 생겨났다. 그런 경험의 축적이 아이의 표정에서도 나타나는 것 같았다. 그러나 흥미를 나타낸 것은 역시 손으로 만져서 볼 수 있는 나무 열매나 이파리, 곤충 등이었다. 새처럼 가까이서 볼 수 없는 것에 대해서는 거의 흥미를 보이지 않았다(흥미를 갖기 시작한 것은 훨씬 나중인 초등학교에 가면서부터였다).

이렇게 조금씩 숲을 걷는 것에 익숙해져 갔고 나는 딸과의 산책이 편해졌다. 이 무렵에는 항상 출근 전에 아이를 유치원에 데려다주면서 길가의 새들과 곤충, 계절의 꽃을 보는 것이 일상이었다. 같은 유치원에 다니는 친한 가족과 함께 나무 열매 줍기에 열중하다가 지각할 뻔해서 서둘러 뛰어간 적도 한두 번이 아니다.

장소에 익숙해지는 것부터

아이가 자연에 익숙해지게 하기 위해 나는 같은 숲 같은 코스를 반복해서 걷기로 했다. 왜 같은 곳을 걸을까? 아이가 장소에 익숙해지게 하기 위해서였다.

아이들이란 어디에서나 자유롭게 뛰어다닌다고들 생각하지만, 우리 아이는 그렇지 않았다. 새로운 장소에 가면 '이곳은 어떤 곳인지' '여기가 과연 내게 안전한 곳인지'를 부모의 얼굴색을 보며 살피는 시간을 갖는다. 잠시(15분쯤) 이동하지 않고 그 장소에 머물

"무엇이 있을까?" 연못 속을 살펴보는 아이들.

아이가 열중해서 노는 모습.

러 있으면, 결국엔 스스로 확인을 하려고 행동범위를 넓혀 간다. 그리고 30분 정도 지나면 혼자서 돌멩이나 가지, 열매를 수집해 오고, 땅 위에 그림을 그리거나 돌과 가지를 교차해 놓으면서 천천히 놀이에 빠져드는 스타일이다.

아이들의 오감은 발달 중이고, 주변 환경을 파악하는 능력은 아직 미약하다. '보다'라는 행위 하나만 보더라도, 먼 경치는 잘 인식하지 못하고 항상 눈앞에 있는 것밖에 보지 못한다. 감각 중에서도 시각과 함께 촉각을 사용해서 처음 보는 물건은 손으로 만져 그 감각을 확인하려고 한다. 어른보다 시간을 들여 주변 환경을 인식하는 것이다. 다시 말해 아이들이 놀이에 몰두하기 위해서는 시간을 두고 그 놀이 장소에 익숙해지게 하는 것이 전제가 되어야 한다.

한 달이 지나자 아이는 그곳에서 몇 가지 자기만의 놀이를 가지게 되었다. 나와 아내는 주 3회 정도 아이를 데리고 나와 두 시간쯤 걸리는 산책 코스 중 몇 군데에서 충분히 시간을 두고 자기 페이스로 놀게 했다.

산책 도중에 비슷한 또래의 어린 아이를 데리고 나온 엄마들도 자주 보았는데, 그 중에는 어른의 페이스로 산책시키는 이들도 있었다. 그럴 때면 아이가 장소를 인식하는 속도에 맞추어 산책을 하는 게 중요하다고 참견을 하고 싶어졌다.

텃밭을 빌리다

아이와 숲을 걷기 시작하고 반년이 지나 딸이 조금씩 변하는 모습을 보고, '우리 가족이 좀 더 필드와 한 몸이 될 수 있는 방법은 없을까' 생각하게 되었다. 우연한 만남을 통해 항상 다니는 동네에 텃밭을 빌리기로 했다. 아내가 이전부터 밭을 경작하고 싶어 하기도 했고, 나도 텃밭을 시작하면 좀 더 필드에 자주 다닐 수 있겠다고 생각했기 때문이다.

처음에는 15평방미터 정도의 넓이로 시작해 1년 후에는 면적을 두 배로 늘렸다. 여름에는 오이, 토마토, 피망, 가을에는 고구마, 겨울에는 무, 순무, 양파를 길렀다. 마드에서 파는 채소밖에 본 적이 없는 아이에게는, 자신에게 익숙한 장소에서 작물을 기르고 수확하며 그 장소에 밀착하는 귀한 경험이 되었다. 아파트 단지에서 자란 나로서는 부러울 뿐이었다.

텃밭을 빌리면서부터 우리 가족과 그 주변 장소(필드) 사이의 관

야채를 베어 문 아이.

계가 더욱 강하게 묶인 것 같다. 필드에 다니는 빈도도 두 배가 되어 사람들과의 만남도 늘었다.

처음으로 친해진 것은 같은 장소에서 텃밭을 경작하는 사람들이었다. 몇 번 얼굴을 마주치는 사이에 작물을 서로 주고받게 되었다. 땅주인과도 자주 만난다. 만날 때마다 여러 가지 조언을 들을수 있었고, 옛날 이 주변의 모습 등 추억담도 종종 들을 수 있었다. 그러면서 주변에서 농사를 짓는 사람들과 근처 대학 관계자, 조깅이나 산책을 하는 사람들과도 만나게 되는 등, 필드는 의외로 많은 사람들이 모이는 공공장소라는 사실을 새삼 알게 되었다.

물에 관심을 가지다

그러는 사이에 내가 필드를 바라보는 시선도 조금 달라졌다. 이전에는 산책하는 김에 한 달에 한 번 정도 가족끼리 그냥 어슬렁거리며 눈에 비치는 계절을 즐기는 정도였다. 그러나 텃밭을 시작하면서부터는 일주일에 한 번은 들르게 되었고, 텃밭을 중심으로 필드를 보는 시점으로 변했다.

텃밭의 작물을 기르기 위해서는 물이 필요하다. 물은 가까이 흐르고 있는 용수로의 물을 끌어와서 쓰고 있다. 밭에 물을 뿌리는 사이에 물에 대해 관심이 생겨났다. 과연 이 물은 깨끗한 것인가 더러운 것인가, 어디서 흘러와 어디로 흘러가는 것인가. 이런 관심으로 우선 물길을 따라 걸으며 지도에 나와 있지 않은 곳까지 포함해 수로가 어떻게 흐르고 있는지 조사해 보았다

텃밭에 물을 대면서 물에 관심을 가지기 시작했다.

그다음에는 이 수로에 어떤 생물들이 살고 있는지 조사하기로 했다. 근처에 사는 직장 동료에게도 물어 가며 용수로 속의 수생생물을 조사했다. 수로를 따라 내려가서 중간중간 그물망으로 생물들을 떠 조사한 결과 쌀미꾸리, 왕잠자리(유충), 다슬기 등을, 또 찰거머리, 각다귀 유충, 하루살이 유충, 소금쟁이, 우렁이, 옆새우, 일본물잠자리, 물벌레, 민물게 등을 관찰할 수 있었다.

또 밭을 기점으로 필드를 걷다 보니 논, 밭, 초지, 공터, 삼림, 인가, 수로 등 다양한 환경이 응축되어 있음을 알 수 있었다. 삼림에서, 수변에서, 초지에서 많은 종류의 새를 볼 수 있었다.

모처럼의 기회였기 때문에 주변에 어떤 종의 새가 살고 있는지에 대해서도 매월 조사를 해 보기로 했다(→ 칼럼).

새의 수를 세어 보자

나는 밭 주변으로 적당한 코스를 정해 매월 하순 출근 전 조금 이른 아침에 걸으며, 그곳에서 본 새의 종류와 수를 지도상에 기록했다(이것을 선조사법line census이라 한다). 1년간 같은 코스에서 같은 방법으로 새의 수를 세어 보니 의외의 사실을 알게 되었다.

예를 들면 계절에 따라 직박구리의 수가 크게 증감하는 것을 알게 되었다. 1년 내내 볼 수 있는 새라 해도 한 장소에서 수를 기록해 봄으로써 계절에 따른 동태를 알 수 있었다. 또 재미난 것은 참새의 개체수 변화다. 참새는 인가 주변에 많이 사는 습성이 있다. 우리 밭 주변에는 거의 인가가 없어 참새의 개체수도 마을 안과 비교해 결코 많지 않다. 그런데 8~10월에 걸쳐 극단적으로 개체수가 증가하는 시기가 있다. 벼를 베는 시기를 맞아 말린 벼와 논에 떨어진 볍씨를 먹으러 100마리 단위로 무리를 지어 몰려든 것이다. 필시 이 시기에는 볍씨를 먹기 위해 시가지로부터 다수의 참새가 모여드는 것이 아닐까.

참새와 직박구리 조사

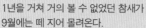

1년을 거쳐 거의 볼 수 없었던 참새가
9월에는 떼 지어 몰려온다.

가족과의 산책에 한계를 느끼다

이렇게 언제부터인가 나의 휴일은 딸과의 산책과 텃밭 경작, 그리고 주변 생물 조사로 채워졌다. 1년 내내 비가 오지 않는 휴일에는 거의 필드에서 생활했다. 바쁘지만 충실했다.

그런데 딸과의 도코로지스트 생활을 즐기던 나는 이 생활에 익숙해져 감에 따라 종종 난관에 부닛졌나. 그것은 부모와 일내일 관계일 때는 아이가 부모에게 의존해 좀처럼 모험을 하려 하지 않는 것이다. 조금 무리하게 무언가를 시키려고 하면 즐거워야 할 자연 체험이 억지로 시켜서 하는 느낌이 되어 버린다. 딸이 한 발짝 내디딜 수 있도록 등을 밀어 주는 것이 필요한데 그것이 잘 되지 않았다.

그러나 아이들끼리라면 서로 경쟁하거나 용기를 갖게 되어 지금까지 넘을 수 없었던 벽을 간단히 넘게 되지 않을까. 그래서 딸이 다니는 유치원의 아이들과 함께 필드에서 활동할 수 있을까 생각하게 되었다.

유치원의 '아버지 모임'

유치원에는 아버지 모임이라는 것이 있었다. 아버지 모임은 희망하는 사람에 한해 회원제로 운영되고 있었고, 나는 회원이었다. 운동회나 여름 축제, 수확제 등 유치원의 공식 행사에 협력하는 것

유치원 아버지 모임. 연령도 직업도 다른 아빠들의 교류 공간.

외에도, 자체 행사로 여름에는 아빠와 아이가 유치원에서 1박을
하는 '가족 캠프', 아빠들이 손수 아이들이 사용하는 공작 책상이
나 선반을 만드는 '아버지학 강좌' 등의 활동을 했다.

매월 1회, 토요일 저녁에 유치원에 모여 정기 회의를 열고 대부
분의 내용을 정한다. 회의가 끝나면 모두 가지고 온 요리를 꺼내
나누며 밤늦게까지 회식을 한다. 유치원 안에서 아빠들이 아이들
없이 밤늦게까지 술잔을 나눈다. 지금은 당연하게 느끼지만 처음
에는 왠지 이상한 풍경이었다. 그 자리에서는 같은 유치원에 자신
의 아이가 다닌다는 공통점 하나로 연령이나 직업을 넘어 자유로
운 교류를 즐길 수 있었다.

텃밭을 시작한 지 반년 정도 지난 2009년 가을, 아버지 모임에
서 새를 관찰하는 행사를 해 보자는 제의를 받고 나는 흔쾌히 수

락했다. 딸과 함께 해 온 필드 산책을 다른 아이들과 함께 해 볼 기회였고, 이 무렵에는 아이가 어른이 되었을 때 고향의 자연을 추억할 수 있도록 많은 경험을 시켜 주고 싶다는 생각을 하던 참이었다. 무엇을 할까 생각한 끝에 유치원 건물 뒷산에 함께 새집을 달아 주기로 했다. 새집 속 새라면 아이들도 쉽게 관찰할 수 있기 때문이다.•

새 관찰은 어른에게도 어려운 일이다. 작은 새들은 끊임없이 돌아다니고, 숲 속에서는 나뭇가지나 이파리가 시야를 가리기 때문에, 익숙해지지 않으면 그 모습을 좀처럼 뒤쫓기 어렵다. 새집을 이용하는 새는 한정되어 있긴 하지만 박새나 참새 같은 친숙한 새들이어서 아이들이 관찰하기에는 딱 적당하다. 이들은 원래 나뭇가지에 자연적으로 뚫린 구멍에 둥지를 트는 새로, 새집은 이런 장소를 대신하게 되는 것이다. 새집 교실을 진행하기 위해 이것저것을 기획하며, 갑작스럽게 찾아온 기회에 나는 두근거리며 그날을 기다렸다.

첫 새집 관찰회

2009년 10월 마지막 휴일에 여섯 그룹의 가족이 모였다. 공작(工作)이 특기인 아빠들의 도움을 받아 멋진 새집을 만들어 유치원

• 둥지에 너무 가까이 가면 부모 새가 경계해서 새끼 키우기를 중단하는 경우도 있다. 종이나 장소에 따라서도 경계하는 정도가 다르므로, 새의 습성을 숙지하고서 관찰하는 게 바람직하다.

뒷산과 농원 일부에 열 개의 새집을 달았다.

새는 2월경부터 번식기에 들어가, 5월부터 7월 사이에 새끼를 길러 둥지를 떠나보낸다. 잘하면 골든위크(4월 말부터 5월 초까지 공휴일이 모여 있는 일주일−옮긴이)에는 새들이 새끼를 키우는 모습을 볼 수 있을 것이다. 그러나 새들이 새집을 사용해 줄 것인지 기대와 불안감을 안고 봄을 맞이했다.

다음 해인 2010년 5월 초순, 열 개의 새집 가운데 다섯 개의 새집을 박새와 곤줄박이, 참새가 이용하고 있었다. 그중 세 개의 새집에서 새끼를 키우고 있었고 부모 새가 새집을 드나드는 모습을 확인할 수 있었다. 일단은 대성공이었다. 그래서 골든위크 한가운데인 5월 5일에 둥지를 드나드는 새의 모습을 보여 주고 싶었다.

참가한 사람들은 둥지를 만든 가족 여섯 팀이었고, 모두 새에 관심을 가져 본 적이 없었다. 나는 아이들과 부모의 반응에 크게 만족했다(→ 칼럼).

더불어 이 새집 관찰회는 그후 아버지 모임의 정기 행사가 되었고, 지금도 나는 그 관찰회를 담당하고 있다.

새집 관찰회에서의 한 장면

"쉿! 모두들 여길 봐! 어미 새가 돌아왔어."

숲 속 나무 한 그루에 걸어 놓은 새집을 10미터 정도 떨어져서 멀찌 감치 둘러싸고 지켜보던 여섯 팀의 가족이 일제히 손이 가리킨 방향으로 시선을 돌렸다. 그곳에는 참새 정도 크기의 새 한 마리가 새집 근처의 가지에 앉아 수변을 수의 깊게 둘러보고 있었다.

"진짜네! 아, 뭔가 물고 있는 것 같아."

한 여자아이가 소리쳤다. 자세히 보니 그 새의 부리에는 초록색의 애벌레가 물려 있었고, 새가 머리를 흔들 때마다 버둥거리며 격하게 흔들렸다.

"아기 새에게 줄 먹이를 물고 있는 것 같구나. 자, 보렴. 새집으로 들어갈 거야."

두리번거리던 새는 결심한 듯 파닥이며 가지에서 날아오르더니 그대로 빙 돌아 새집으로 들어갔다.

"와!" 가벼운 감탄사가 어른들 사이에서 들려왔다.

잠시 새집 안에서 달그락달그락 무언가가 움직이는 것 같았고, 곧 아까 들어갔던 새가 새집 구멍으로 얼굴을 내밀더니 한 번 크게 호흡하고 밖으로 날아갔다. 그 순간 "휴!" 한숨이 터져 나오면서 긴장되었던 그곳의 공기가 한 번에 풀렸다. 어른들도 아이들도 얼굴을 마주 보며 지금 일어난 일을 서로 이야기했다.

"여러분, 방금 새집으로 날아 들어간 새의 모습을 기억하나요?"

나는 그 장소에 있는 모두에게 물었다.

"배 쪽이 적갈색이었어."

"등은 회색이었어."

"얼굴은 하얗게 보였는데."

새의 모습을 떠올리며 몇 명의 아이들이 말했다.

"그랬지. 오늘은 사진을 가져왔답니다. 이런 모습이 아니었나요?"

"아, 똑같아요!"

아까 소리를 질렀던 아이가 말하자 모두 고개를 끄덕였다.

"이 새는 곤줄박이라는 새입니다. 참새 정도의 크기로, 이런 숲 속에 집을 짓고 이 무렵의 계절에는 새끼를 키우느라 몹시 바쁘게 생활하지요."

"얼마나 바쁘냐면, 아기 새가 점점 커지면 해가 뜨면서부터 질 때까지 아빠 새와 엄마 새가 교대로 몇 분만에 한 번씩 이렇게 먹이를 가져다준답니다."

"새집 안에 뭐가 들어 있니?"
새집을 관찰할 때는 충분히 주의를 기울여야 한다.

"곤줄박이는 한번 둥지를 만들면 7~9개 정도의 알을 낳습니다. 그 많은 새끼들을 짧은 기간에 키워야 하니 애벌레도 엄청난 양이 필요하지요."

"우와, 대단하다. 새끼 키우는 게 힘든 건 사람이나 새나 같네요."

참가자 어머니 중 한 사람이 큰 공감을 나타냈다. 틀림없이 육아로 힘든 자신과 비교하고 있는 것이라고 생각하며 나는 혼잣말로 중얼거렸다. "오늘 오길 잘 했어"라고.

4 _____
그다음 단계

새로운 책임감

관찰회가 끝난 후 나는 집으로 돌아와 그날의 일을 되돌아보았다, 유치원 아이들과 부모들이 즐거워하는 모습이 여운을 남겼지만, 그것과 별도로 몸이 움츠러드는 것 같은 긴장감도 어렴풋이 느껴졌다. 그것은 이 관찰회가 어딘가 선을 넘은 것 같은 기분이 들게 했기 때문이다. 이제까지는 딸과의 산책이라는 지극히 개인적인 일이었지만, 이번 관찰회는 내 활동 영역을 좀 더 공적으로 넓힌 것으로 느껴졌다. 그리고 그것은 책임을 동반한다.

그것은 어떤 책임일까. 물론 아이들을 맡는 것이니 사고 없이 행사를 진행해야 한다는 책임도 있겠지만 그러나 그뿐만이 아니다.

첫째로는 이 땅에 사는 어른의 한 사람으로서 아이들에게 이 땅에 대해 전달할 책임이 있는 것 아닐까. 그리고 또 하나, 우리에게 즐거움을 주는 생물들을 대신해 그들의 생태를 다양한 사람들에게 알려야 하는 책임도 있다고 생각한다. 생물들의 존재를 알아 가며 그 생태를 많은 사람들에게 알리는 것이 그 생물들을 지키는 기초가 되기 때문이다.

처음에 내 아이를 용감하게 키우고 싶다는 마음에서 시작한 개인 활동은 이처럼 다음 단계로 발을 내딛고 있었다.

생물 지도를 만들다

유치원에서의 새집 교실이 2년째를 맞이한 2010년 겨울, 문득 내가 평소에 걸어 다니는 범위가 어느 정도인지 지도상에서 확인해 본 적이 있다. 역에 이르는 길, 딸과의 산책길, 유치원 가는 길, 쇼핑 가는 길, 슈퍼, 병원, 조깅 코스 등등.

내심 나는 꽤 걷는 편이라고 자부했건만, 지도로 확인해 보니 집을 중심으로 약 1.5킬로미터 사방으로밖에 움직이고 있지 않았다. 생각했던 것보다 훨씬 좁은 범위였다. 그리고 이 안에서조차 내가 충분히 걷고 있다고는 말할 수 없으며, 아직 내가 밟아 보지 못한 장소가 꽤 많다는 사실에 가벼운 충격을 받았다.

이러한 점을 깨닫고서, 적어도 내 행동 범위 안에서라도 구석구석 걸어 봐야겠다는 생각으로 하마구치 선생님의 《생물 지도를 그려 보자》를 다시 한 번 읽어 보았다. 이 책에는 하마구치 선생님필생의 작업인 '생물 지도' 그리기의 의의와 조사 방법이 자세하게 쓰여 있다. 생물 지도란 1/5000이나 1/2000 축척 지형도 위에 하나의 주제에 따라 그 생물이 있는 장소를 정확하게 기입한 지도로서, 지도상에 표시된 생물들의 분포를 앎으로써 주변 환경을 생각하자는 의도를 담았다.

내가 살고 있는 지역은 구릉지와 강 외에 들판과 나대지도 적절하게 분포되어 있어 상당히 균형이 잡힌 자연 환경이다. 여기서 생물들이 어떻게 살고 있는지를 파악하는 데에는 '생물 지도'가 최적일 것 같았다. 지도의 주제는 새다. 새라면 환경 차이에 따라 영역을 나누어 서식하는 모습이 분명히 드러날 것 같았기 때문이다.

우선 지도상에 조사할 범위를 선으로 둘러싸고, 2010년 12월 중순부터 2011년 1월 중순까지의 주말과 연말연시 휴일을 합해 15일 동안, 아침 7시부터 9시까지 두 시간씩 그 범위 안에 있는 길을 빠짐없이 걸었다. 그리고 길에서 확인한 새의 종류와 수를 기록하고 그 장소를 지도에 써 넣었다. 7시에서 9시까지로 정한 것은 새들이 활동하는 시간대에 맞추기 위해서였다.

1.5킬로미터 사방이라 하면 225헥타르로 도쿄돔이 약 48개가 들어가는 넓이다. 여기에 자잘한 골목들까지 포함하면 꽤 많은 길이 있어서 전부 걷는 것이 여간 힘든 일이 아니었지만, 내가 살고 있는 동네를 알아야겠다는 마음으로 샅샅이 찾아다녔다. 지금까지 발 디딘 적 없던 길이 얼마나 많았는지. 새를 찾아 걸으면서, 단조로운 주택 지역 안에 용수로가 하나 있는 것만으로도 거기서 볼 수 있는 생물의 종류와 수가 다른 곳에 비할 수 없이 풍부해진다는 사실에도 놀랐다. 실제로 지도에 정리해 보고 나서 새삼 내가

사는 동네의 자연적 특징을 알 수 있었다(→ 칼럼).

이 조사를 하면서 뜻밖의 즐거움도 있었다. 가끔 흥미를 가지고 말을 걸어 주는 사람들의 존재다. 그들은 산책을 즐기는 사람이었지만 새의 이름을 물어 보기도 하고 정보를 주기도 했다. 그들과 이야기하면서 내 주변에도 자연에 흥미를 가진 사람이 잠재적으로 많지 않을까 생각하게 되었다.

과제와 맞닥뜨리다

내가 사는 동네의 생물 지도를 만들면서 차츰 동네 어느 곳에서 어떤 자연의 모습을 볼 수 있고 또 어디에 어떤 생물이 살고 있는지를 머릿속에서 명확하게 떠올릴 수 있게 되었다. 그와 동시에 해결해야 할 과제도 갖게 되었다.

우선 아이들의 자연 체험 무대로서 공원은 꼭 있어야 할 장소이지만, 공원 관리 방법에서 생물들에 대한 배려가 많이 부족하다는 생각을 하게 되었다. 공원 주변과 숲 속에 있는 풀밭을 보면 너무 풀을 많이 베어 내어 생물들이 살기 어려운 장소가 되어 버린 경우가 많았다. 본래 잡목림의 외부는 햇빛이 잘 닿기 때문에 방치해 두면 다양한 식물이 자라난다. 조릿대가 번성해 덤불이 되거나 칡 등의 덩굴식물이 나무를 감싸서 망토군락이 되기도 한다. 공원에서는 이런 곳의 풀을 다 베어 버리지만, 숲의 입장에서 보자면 숲의 내부를 외부로부터 보호하는 역할을 하고 기온이나 습도의 급격한 변화를 완화해 숲 자체의 건강을 지켜 주는 면도 있다.

우리 동네의 자연

2010년부터 2011년에 걸쳐 나의 필드를 조사한 결과, 우선 특징이었던 것은 도심 교외 마을 치고는 들판이 많았다는 점이다. 그것은 일급 하천인 다마 강 부지 덕분이었다. 그 외에도 빌딩과 주택 건설 예정지가 공지와 들판이었다. 아직 뉴타운 개발이 진행 중이었기 때문이다.

이런 장소에서는 꼬마물떼새와 꿩, 멧새, 개개비사촌, 종다리 같은 황무지와 들판에서 사는 새들을 볼 수 있었다. 그러나 이런 들판의 대부분은 언젠가는 없어져 버릴 운명이다.

다음으로, 예상대로 숲은 비옥했지만 말끔하게 손질이 된 잡목림이 많았고, 조릿대 등이 자라는 수풀이나 칡 등이 퍼져 있는 정돈 안 된 공간이 거의 없다는 점을 알게 되었다. 인구밀도가 높은 시가지 공원이다 보니 어디나 가지런히 관리의 손길이 닿아 있었다.

이것은 일견 좋아 보일 수도 있지만 생물다양성의 측면에서는 뭔가 부족한 면도 있다. 수풀은 휘파람새와 너구리, 토끼 외에 노린재 등의 곤충이 좋아하고 서식하는 장소이기 때문이다.

그리고 물가가 많다는 사실도 새삼 알 수 있었다. 하천이 있다는 것

은 수면뿐 아니라 중류의 모래나 작은 자갈들이 있는 공간과 하천변의 갈대밭, 억새밭이 있음을 뜻한다. 이것은 요즘 도시 안에서는 거의 볼 수 없는 환경이다. 또 용수로가 가는 곳마다 있었다. 강의 선상지(扇狀地)인 지형을 살려서 에도시대에 정비된 것이지만, 논이 거의 없어진 지금까지 용수로가 흐르고 있었다. 용수로 주변에는 오리와 물총새, 할미새 종류가 풍부하게 서식하고 있어서 생물다양성에도 큰 역할을 하고 있다.

더불어 이 용수로는 메이지시대의 옛 지도에도 실려 있어, 완전히 변해 버린 마을의 풍경이긴 하지만 마을의 과거와 현재를 잇는 연결점이 되고 있다.

집 주변의 토지 이용도: 수림(검은 부분), 나대지(모눈종이 모양), 논밭과 초지(하얀 부분), 시가지(회색)로 구성되어 있다.

　그리고 덤불과 망토 군락은 너구리나 토끼 같은 포유동물이 몸을 숨길 장소가 되고, 다양한 곤충들의 양식이 되기도 한다. 그뿐 아니다. 아이들에게 숲의 구조를 보여 준다는 의미에서도 덤불이나 망토군락이 전혀 없는 숲은 편중된 자연관을 심어 주지 않을까 걱정이 되기도 한다.

　물론 안전 면에서의 배려와 사람들이 이용할 공간을 확보하는 것이 중요하다는 건 알지만, 풀베기 방식을 조금 더 궁리해 생물들과 공존하는 공원을 만들 수도 있을 것이다. 또 아이들을 자연으로 이끌어 줄 인도자가 없는 것도 걱정스럽다. 일상적으로 그 녹지를 걸으며 아이들에게 전달할 수 있는 시민이 육성되어 있지 않다.

　이러한 공원 녹지의 관리, 인도자 육성, 지역과 학교의 협력 체계를 생각하기 시작하면서, 개인적으로 동네 걷기를 즐기기만 하는 입장으로는 별달리 할 수 있는 일이 없다는 사실에 초조함을 느끼기 시작했다.

행정회의로

　그러한 생각을 가질 무렵 아내가 시의 홍보지에서 "환경시민회의 위원 모집!" 기사를 발견했고, 나는 곧장 이메일로 신청을 했다. 그리고 2주 후 위원으로 당선되었다는 답장이 왔다. 이 회의에서는 향후 10년간 시의 환경기본계획을 책정하기 위한 간담회가 진행되었다. 매월 1회 위원들이 시청에 모여 시의 환경정책에 대해 의논하는 것이다. 이러한 자리는 인맥도 넓히고 지금까지 몰랐던 것을 알 수 있는 계기가 되었다.

　흥미로웠던 것은 회의를 하는 같은 시민 위원이라도 환경에 대한 생각과 가치관이 너무도 달랐다는 것이다. 예를 들면 녹지 인식이 그랬다. 회의 중에도 녹지 보전 건은 여러 번 화제에 올랐다. 그때마다 '녹지를 지켜야 한다'는 데에는 의견이 일치했지만, 이때 녹지를 지킨다는 의미는 '녹지의 양', 즉 공원과 녹지의 면적뿐이었고, '녹지의 질', 다시 말해 생물다양성의 측면에 관심을 가지는 사람은 적었다. 환경 회의에 참석한 시민 위원조차 시내 어느 곳에 어떤 생물들이 살고 있는지 잘 알지 못했다.

　생물다양성이라는 말이 확산되기 시작했지만 아직은 단지 단어 자체만 유통될 뿐인 것이다. 녹지를 이야기할 때에는 주의가 필요하다는 것과, 시간이 걸리더라도 현장에 밀착한 사람을 늘려 나가는 시도가 필요함을 느꼈다.

5 ___ 도코로지스트 모임을 시작하다

모임을 만들자

이나기 시 환경시민회의 위원으로서 약 반년간 회의에 출석하며 나는 약간의 실망감을 맛보고 있었다. 회의가 너무 관념적이고 구체성이 결여되어 있었기 때문이다. 지역 환경을 실제로 본 사람이 거의 없었다.

진정한 의미에서 이나기 시의 환경과 생물다양성을 충실하게 지켜 나가려 한다면, 매일매일 자기 발로 걸으며 주변 자연의 변화하는 모습을 보고 생물다양성에 대해 체험을 통해 잘 이해하는 도코로지스트들의 목소리에 좀 더 귀를 기울여야 하지 않을까. 나는 몇 년 간의 도코로지스트 경험을 통해 자연스럽게 그런 생각을 하게 되었다.

　생각을 하면 곧바로 행동으로 옮기는 것이 나의 좋은 점이기도 하다. 위원회 임기도 얼마 남지 않은 시기에 '도코로지스트의 눈으로 본 이나기 시 생물다양성 촉진 사업기획서'를 하룻밤만에 작성해 환경회의 사무국을 담당하는 시청의 구도 노리(工藤紀) 씨에게 전달했고, 회의를 함께 보아 온 구도 씨는 기획서를 읽고서 이렇게 말했다.

　"시 입장에서도 앞으로 생물다양성을 어떻게 챙겨야 할지 고민하던 참이었는데, 하코다 씨가 주체가 되어 움직여 주신다면 시에서 최대한 도와드리도록 해 보겠습니다."

　이 말을 듣고 나는 "물론 그럴 생각입니다. 잘 부탁드립니다"라고 즉시 답했다. 동시에 '아, 마침내 첫 발을 내디뎠다! 이제 물러설 순 없어' 하는 압박감에 짓눌렸다.

　지금까지 나의 도코로지스트 생활은 결국 사적인 활동이었다. 그러나 앞으로는 내가 주체가 되어 사회적 활동을 하게 된다. 시작한 이상 중간에 포기할 수는 없다. 아직 함께하는 동료도 없는데 만약 건강이 나빠지기라도 하면, 혹은 사고라도 나면 어쩌지? 하는 불안감이 생겼다. 그러나 이제 물러설 곳은 없다. 아이들에게도 좋은 모습을 보여야 한다. 분발해야 할 시점이야, 하며 스스로에게 다짐했다.

모임을 만든 이유

그런 압박감을 느끼면서도 내가 단체를 만들려고 한 데는 몇 가지 이유가 있었다.

근거지 만들기

나의 지역 활동은 딸 유치원의 아버지 모임이 주를 이루고 있었다. 구성원들과도 낯이 익었고, 모임 안에 나를 위한 자리가 있다고 느꼈다. 큰딸에 이어 작은딸이 유치원에 입학했으니 앞으로도 몇 년은 유치원에서 활동할 수 있을 것이다. 그러나 작은딸이 졸업을 하게 되면 다른 공간을 찾아야 한다. 이것은 나만의 생각은 아닐 것이다. 1960년대에 태어난 세대는 아버지로서도, 한 명의 사회인으로서도 앞으로 어떻게 살아가야 할지 종종 갈피를 못 잡는다.

앞선 세대처럼 일밖에 모르던 사람들의 퇴직 후 인생이 꼭 행복하란 법은 없다는 것을 진작에 알고 있었다. 일과 삶의 균형을 유지하고 직장뿐 아니라 가정과 지역에도 참여하는 인생을 살고 싶었다. 바로 그런 이유로 아버지 모임에 들어가려 했던 것이다. 그 덕에 다양한 아버지들과 알고 지내게 되었고, 지역에서 인맥도 넓어져 거기에서 얻는 안도감도 생겨났다. 그러나 아이들이 졸업하면 언젠가 아버지 모임으로부터는 멀어질 것이다. 모처럼 기회를 잡았는데 다시 원래 상태로 돌아간다. 이런 생각을 공유하는 이들이 나 외에도 있었다. 그렇다면 모임을 만들어 보는 것이 내 자신은 물론 다른 아버지들을 다음 단계로 이끌 수 있는 좋은 방법이 아닐까 생각했다.

자연을 지키는 거점 만들기

또 하나의 이유는 이나기 시의 생물다양성을 고려했을 때, 지역의 자연과 생물들에 대한 인새와 정보가 모이는 거점이 필요하다고 생각했기 때문이다.

아이들이 자연 속에서 놀 수 있는 환경을 만들고 싶었다. 이나기 시는 수도권 근교치고는 자연이 남아 있었지만, 자연 공간만 있다고 아이들이 자연 속에서 놀 수 있는 것은 아니다. 그곳에는 어른들의 존재가 필요하고 적당히 안전성을 갖춘 필드가 있어야 한다. 또한 아이들의 흥미를 끌어내기 위해서는 생물들에 대한 구체적인 정보도 필요하다. 장시간 머물 경우에는 필드 근처에 화장실도 필요하고, 급히 비를 피하거나 강의를 하기 위한 설비도 필요하다. 이상적인 것은 자연사 박물관이나 자연 센터와 같은 시설이다.

인구 8만 6천 명의 작은 지자체에 그런 거점 시설을 갖추는 것은 쉬운 일이 아니다. 그러나 주변을 잘 살펴보면 대신할 만한 시설도 있다. 가까이에 주민센터나 도서관 등 공공 시설이 하나씩은 있기 마련이다. 그것을 잘만 활용하면 필드와 실내를 오가면서 자연 학습을 보조할 수 있을 것이다. 설령 자연 전문가가 상주하지 않더라도 시민들이 그 공간을 활용함으로써 공원과 녹지의 이점을 살린 현장 자연 학습 시설이 될 수 있다. 그곳이 지역의 자연 정

공원 근처의 시로야마 체험학습관.

보를 축적하고 도코로지스트를 양성하는 거점이 되리라 생각한다.

모임을 만드는 것에 있어서 '내가 하고 싶은 것'과 '내가 할 수 있는 것'을 저울에 놓고 숙고해 보았다. 그리고 활동할 현장으로 내가 처음 결심을 굳히고 딸과의 산책으로 도코로지스트 활동을 시작한 시로야마 공원을 선택했다. 시로야마 공원 옆에 있는 '시로야마 체험학습관'에서는, 회의 공간을 대여해 주거나 시민문화활동 지원책으로서 시민들의 그림 전시회나 사진전 등을 열었다. 우리 집에서도 걸어서 5분 거리였다. 이곳이라면 어떻게든 시간을 변통해 활동을 계속해 나갈 수 있지 않을까 싶었다. 이런 구상을 통해 모임을 구체화해 나갔다.

구성원을 모으다

시로야마 도코로지스트회는 공개적으로 구성원을 모집하지 않았다. 모임 활동을 빨리 궤도에 올리고 싶었기 때문에 처음에는 마음이 맞는 사람들과 시작하고 싶었다. '이 사람이라면 괜찮겠지' 생각되는 사람들에게 개인적으로 의사를 물었다. 그 결과 그해 10월 설립준비회에 여섯 명이 모였다.

2012년 10월 20일, 이나기 시 체험학습관 회의실에 모인 이들은 고바야시 씨, 아베 씨, 요시다 씨, 다지마 씨, 구도 씨, 하코다 씨다. 고바야시 씨와 아베 씨는 딸아이 유치원 아버지 모임의 선배로서, 각각 다른 사람들의 의견을 정리하는 역할을 하거나 분위기 메이커 역할을 했다. 고바야시 씨는 환경 컨설팅 회사의 기술자였고, 아베 씨는 모 대기업 가전 부문의 사원으로 생물에도 관심이 많았다.

요시다 씨는 아버지 모임은 아니지만 역시 같은 유치원의 졸업생으로, 곤충채집과 새관찰(bird watching)이 취미이고, 모 식품 제조사의 연구원이다. 나중에 안 것이지만 내 대학 선배이기도 했다. 다지마 씨는 다른 멤버보다 연배가 있는 국토교통성 퇴직자로, 지금은 조후(調布) 비행장에서 관리원으로 일하고 있다. 다지마 씨와는 일본야조회의 어느 모임에서 만나 이야기를 하다가 같은 이나기 시에 산다는 것을 알게 되어 의기투합했다. 그는 이미 40년 이상의 새관찰 경력이 있었다. 구도 씨는 시의 환경과 직원으로 이 모임을 만들려 할 때 상담을 해 준 사람이다.

설립준비회

10월 20일 첫 모임에서 각자 자기소개를 한 후 앞으로의 활동 방향에 대해 이야기했다. 나는 준비한 내용으로 한 시간 정도 이야기하고 다음과 같이 결정했다.

- 모임의 명칭은 '시로야마 도코로지스트회'로 한다.
- 매월 시로야마 공원을 걷고 공원과 그 주변의 새, 곤충, 지질과 문화, 역사에 대해 공부해 '그 장소의 전문가'가 되도록 한다.
- 매월 1회 인근에 사는 사람들과 함께 시로야마 공원을 걷는 관찰회를 연다.
- 관찰회를 하기 전에 꼭 답사를 한다.
- 관찰회를 하며 반드시 공원의 자연정보를 수집하고 기록한다.
- 대대적인 홍보가 아닌 구두로 모집한다.
- 구성원 6인의 메일링 리스트를 만들어 일상적으로 이나기 시의 자연 정보를 교환한다.

이상의 내용을 확인한 후 우리 여섯 명은 함께 공원을 걸었다. 나는 넌지시 다른 사람들의 생각을 물어 보았다. 다지마 씨와 요시다 씨는 매년 줄어가는 이나기 시의 녹지에 대해 마음을 쓰고 있었고, 동식물들과 공존하는 마을 만들기에 협력하고 싶다고 했다.

고바야시 씨와 아베 씨는 유치원 아버지 모임을 은퇴하고서 마침 다음 단계를 찾고 있던 중 나의 권유 메일을 받아 참가했다고 했다. 구도 씨는 이나기 시의 직원으로서 생각하던 바도 있었고, 이나기 시에서 아이 둘을 기르면서 아이들이 자연과 만날 수 있는 기회를 만들어 주고 싶은 마음도 있어 보였다.

시로야마 공원을 걷다

2012년 11월 24일, 이날은 시로야마 도코로지스트회의 첫 관찰회였다. 딸아이 유치원 아버지들의 구두 권유로 모인 인원은 아이 여섯에 어른 열 명으로 총 16명이었다.

학습관에서 출발해 공원을 걸었다. 도중에 철망에 붙어 있던 넓적배사마귀 알과 어미 무당거미와 그 알을 보고 올챙이 연못으로 향했다. 올챙이 연못에서는 연못에 쌓인 낙엽을 망으로 떠내고 생물을 관찰했다.

스태프인 요시다 씨는 양손에 비팅 네트(beating net: 가지에 붙어 있는 곤충을 채집하기 위한 노구—옮긴이)를 들고, 장화를 신고 완벽한 장비를 갖추고 왔다. 또 아이들과의 커뮤니케이션 방법도 좋아서, 재미있게 아이들의 흥미를 자극하며 분위기를 잡았다. 요시다 씨 주변은 항상 아이들이 둘러싸고 있어 그 인기를 실감할 수 있었다. 나는 아이들과 어른들의 반응을 살피면서 관찰회의 성공을 확신했다. 다른 멤버들도 모두 만족스러운 웃음을 짓고 있었다.

생물 정보를 모으다

우리가 시로야마 공원 도코로지스트 활동을 하면서 제일 먼저 한 일은 공원과 인근의 지도를 준비한 것이었다. 먼저 1/10,000 지형도를 컴퓨터로 출력해 익숙한 공원 주변을 확대한 지도를 준비했다. 또 시 공무원인 구도 씨에게 부탁해 공원 설계도면을 받았다. 이 도면에는 일반적인 지도에는 실리지 않는 자잘한 산길도 잘 표시되어 있었다. 이 두 개의 지도가 있으면 공원과 그 주변을 상세히 확인하거나 생물들의 발견 장소를 정확하게 기록하는 일이 훨씬 간단해진다. 시로야마 공원뿐 아니라 어떤 특정 장소에서 활동하려 할 때에는 먼저 그 장소의 지도를 준비하는 것이 도코로지스트의 기본이다.

그런 다음 이 지도를 사용해 공원 내 생물 정보를 수집해 기록하는 작업을 시작했다. 특히 자연관찰회에서는 매번 '자연정보카드'라는 통일된 서식을 준비해 스태프만이 아니라 참가자에게도 배포해 각자 한두 장이라도 써서 제출하도록 했다.

그런데 기록을 하라고 하면 과학 교과의 관찰 기록을 연상해 쓰는 것을 힘들어하는 아이도 있다. 그래서 뭔가 방법이 없을까 스태프들과 고민하다가, 관찰한 생물들을 스케치하게 한 뒤 그 그림을 배지로 가공해 가져가게 하는 아이디어를 떠올렸다. 스스로 관찰한 꽃과 곤충을 스케치해 배지로 가져가면 기념도 되고 금방 버리고 싶어지지 않을 거라 생각했다. 무엇보다 관찰한 생물을 오래도록 기억하게 되는 효과가 있다.

비팅 네트로 잡은 곤충을 관찰하는 요시다 씨.

시로야마 도코로지스트회에서 프레젠테이션 중인 고바야시 씨.

관찰한 생물을 그려 배지로 만들었다.

사실 이 아이디어는 구도 씨의 제안이었다. 관찰 기록을 남기는 방법을 의논할 때, 때마침 구도 씨가 시에서 구입한 배지 만드는 기계의 활용 방법을 고민하던 참이었던 것이다.

이 프로그램을 실시한 결과, 아이들과 어른들 모두 관찰 기록을 썼고, 완성된 배지도 소중하게 가져갔다. 그뿐 아니라 자신이 배지에 그린 것이 깊은 인상을 남겼던 모양인지, 함께 참가했던 내 딸은 그후 유치원에 다녀오는 길에 "이 꽃은 분꽃이라고 하는 거야"라고 말해 같은 반의 엄마들을 놀라게 하기도 했다.

자연 정보의 이용

우리는 이렇게 매월 관찰회를 통해 자연 정보를 수집해 나갔다. 이것이 공원 생물의 데이터베이스가 되었다. 그때까지 내가 개인적으로 수집한 자연 정보는 3년분인데, 새에 편중되어 있었다. 모임 구성원들과 참가자들에게도 정보 수집을 맡긴 결과, 식물·곤충·양서류에 대한 정보도 많이 모여서 편중되었던 정보가 균형을 찾게 되었다. 함께 도코로지스트 활동을 하는 데서 온 장점이라고 할 수 있다.

그렇다면 이렇게 축적된 정보를 어떻게 활용할 수 있을까? 일단 다음 관찰회 기획이 수월해진다. 관찰회는 수개월 전에 기획하는데, 기획하는 시점에서 같은 공간을 보더라도 관찰회 당일 같은 꽃이나 곤충을 볼 수 있다고 확신할 수 없다. 거꾸로 지금은 볼 수 없는 것을 관찰회 당일에는 볼 수 있을 수도 있다.

또한 자연 정보를 활용해 좀 더 계절의 앞을 내다보는 전시를 하거나 안내 팸플릿을 발행하면 공원 생물들에 관심을 가지는 시민도 늘어날 것이다. 지도와 지도를 활용한 생물 정보를 축적하는 것이야말로 시로야마 도코로지스트회의 기초가 되는 활동이었다.

6 ____
지역을 변화시키는 도코로지스트

'올챙이 연못' 구출 작전

시로야마 공원에는 면적 10평방미터의 '올챙이 연못' 이라 불리는 곳이 있다. 이곳은 완만한 경사가 있는 곳에 고무 시트를 깔아서 만든 인공 연못으로, 봄에는 산개구리와 두꺼비의 알을 볼 수 있고, 물밑 낙엽을 건져 내면 잠자리 유충과 논우렁을 많이 볼 수 있다. 근처에 달리 물이 있는 곳이 없어서, 연못은 수생생물들의 귀중한 주거지임과 동시에 나비와 벌이 물을 취하는 장소가 되기도 한다.

또 길가에 있으니 지나는 사람들 모두 발을 멈추고 수면을 들여다본다. 수변생물과 만나는 장소로서도 매우 높은 잠재력을 가진 연못이다.

연못 속 생물을 채집망으로 건져 내는 아이들.

"어떤 생물이 있었니?"

그러나 이 연못은 구조상 토사가 쌓이는 것을 막을 수가 없다. 연못을 유지하기 위해서는 몇 년에 한 번씩은 이 토사를 걷어 내야 하는데, 그렇게 하면 진흙 속 생물들이 죽어 버린다.

그런 상황을 개선할 수는 없을까 생각하다 2013년 6월 29일, 시로야마 도코로지스트회는 '올챙이 연못 생물 구출 작전'을 실시했다. 연못의 토사를 치우기 전에 진흙 속 잠자리 유충 등의 생물들을 구출해 다른 연못에 방생하는 작전이다.

페이스북을 통해 사람들을 모으고 유치원의 아는 사람들을 동원해 총 18명의 부모와 아이들이 모였다. 우리는 망으로 진흙을 퍼내고 거기서 꺼낸 잠자리 유충과 우렁이, 개구리, 물방개 등을 플라스틱 케이스에 넣었다. 아이들 중에는 잠자리 유충과 개구리를 잡아 본 적이 없는 아이들도 있었는데, 진흙투성이가 되면서도 개구리의 차가우면서도 부드러운 촉감에 흥미진진한 모습이었다.

생물을 손으로 잡는 것은 재밌는 활동이다. 아이들을 보고 있으면 역시 인간에게는 수렵 본능이 있다는 것을 느끼게 된다. 아이들이 야생으로 돌아가는 것 같았다.

"엄마! 엄마! 보세요. 잠자리 유충이에요!"

"와, 정말이네! 엄마도 처음이야! 굉장하다. 네가 잡은 거니?"

"응, 다른 것도 많아요!"

"이리 와 봐! 도롱뇽이 있어. 배 쪽이 독이 있는 것처럼 빨개."

"으악, 징그러워!"

이번에 잡은 것은 잠자리 유충, 우렁이, 참개구리, 도롱뇽, 송사리, 물방개, 소금쟁이, 물땅땅이, 거머리 등이었다. 물고기 종류가 송사리뿐이었던 이유는 필시 2주 전에 해가 너무 강해서 물이 말랐던 시기가 있었기 때문이라고 예측할 수 있었다.

이렇게 구출한 생물들은 집에서 기르고 싶다는 아이들은 가지고 가게 하고, 토착종이라고 확신할 수 있는 것만 수백 미터 떨어져 있는 연못으로 가져가서 놓아 주었다.

이튿날 우리 집에 가져온 밀잠자리 유충은 베란다에서 무사히 우화(羽化)해 날아갔다.

새 둥지 달아 주기 행사

함께 만든 새집

시로야마 도코로지스트회 1주년을 맞이한 11월, 공원 관리자의 허가를 받아 공원 안에 인공 둥지를 거는 행사를 진행했다.

딸 유치원 뒷산에 5년간 매년 새 둥지를 달아 오면서, 나는 둥지를 관찰하는 것이 환경 학습 효과가 높다는 것을 실감했다.

새를 지킨다는 관점에서도 인공 둥지의 효과는 크다. 일반적인 둥지는 박새와 곤줄박이 같은 도시에서도 비교적 많이 볼 수 있는 새들이 이용하기 때문에, 둥지의 형태와 크기를 조금만 바꾸면 좀 더 많은 종류의 새가 번식할 수 있다.

둥지 달기 행사를 위해 예전에 이나기 시가 시행했던 관찰회의 참가자들에게 직접 메일을 보내 홍보했고, 그 결과 아홉 가족이 모였다. 이전에는 조류보호시범학교들의 활동으로 여러 장소에서 행해졌지만, 최근에는 실시하는 곳이 많이 줄었다. 대부분의 참가 가족에게 둥지 달기는 새로운 경험이었다.

행사에서는 우선 둥지 달기의 의의를 이야기하고, 그런 다음 실제로 둥지를 만들어 공원 산책로 주변에 8개의 둥지를 설치했다. 둥지에는 기념으로 날짜와 둥지를 단 가족의 이름을 적었다. 새의 번식은 2월부터 본격적으로 시작된다. 11월에 걸어 둔 둥지는 그때까지 조용히 숲 속에서 자기 순서를 기다릴 것이다.

파괴된 둥지

행사가 있고 얼마 지나지 않아 겨울방학이 시작되었다. 밝아 오는 새해를 맞은 아침, 여느 때처럼 나는 딸과 함께 시로야마 공원을 산책하고 있었다. 그때 뭔가 위화감이 들어 눈을 올려 뜨고 주변을 살펴보았다. 우리가 달아 놓은 둥지가 있어야 할 장소에 없었다. 의심스러운 느낌이 들어 주변을 찾아보니 덤불 속에 파괴된 둥지가 널려 있었다.

일부러 나무에 올라가 둥지를 고정한 끈을 끊어 땅으로 떨어뜨리고 발로 꽤 심하게 밟아서 파괴한 듯했다. 다른 둥지들도 살펴보니 8개 중 2개의 둥지가 파괴되었다. 나무 파편에는 둥지 만들기 행사에 참가했던 가족이 쓴 이름이 요행히 남아 있었다. 나는 딸과 함께 누군지 모르는 사람들의 악의에 분노와 불길한 공포를 느꼈다.

마음을 가다듬고 집으로 돌아가 둥지를 회수하기 위해 큰 가방을 가져와 무성한 수풀 속에 떨어진 둥지의 잔해를 조심스럽게 회수했다. 집 베란다에서 둥지의 잔해를 펼쳐 어떻게든 복구해 보려

파괴된 둥지.

했다. 우선 부서진 파편을 본드로 붙이고 하룻밤 건조시킨 다음 다시 둥지를 조립해 보았다. 다소 어긋나긴 했지만 다시 조립할 수 없는 것도 아니었다. 참가자의 얼굴을 떠올리며 어떻게든 고치려는 마음으로 작업에 몰두했다. 이틀간의 시행착오를 겪은 결과, 완전하게는 아니지만 둥지의 형태로 복구할 수 있었다. 이렇게 2014년 나의 첫 3일이 지나갔다.

공원은 누구의 것인가

조금 기분을 안정시키고 왜 이런 일이 일어났는지, 이런 사태를 어떻게 보아야 할지 생각했다.

우선 공원은 다양한 사람들이 여러 가지 목적으로 이용하는 장소다. 시로야마 공원에는 무선 모형차를 조종하는 사람, 개를 산책시키는 사람, 조깅하는 사람, 이동하느라 공원을 지나는 사람, 꽃과 곤충을 촬영하는 사람도 있다. 공원은 규칙을 깨지 않는 한 나름대로의 방식으로 즐기면 되는 장소다. 그러나 같은 장소를 조용히 관찰하는 사람과 무선 모형차를 갖고 노는 사람, 조깅하는 사람이 공유하므로 서로가 서로를 존중하지 않으면 문제가 된다.

그런 공공의 장소는 아주 예전에는 공유지의 형태로 지역의 커뮤니티에서 서로 협력해 관리하고 유지했다. 그러나 오늘날에는 지역 커뮤니티가 아니라 행정조직이 관리하는 것이 일반화되었고, 시민은 관리 주체에서 분리되어 버렸다. 시민은 관리를 하지 않고 일방적으로 이용만 한다는 접근 방식이 '어떤 일을 해도 좋다'고 하는 어딘가 삐뚤어진 감정을 만들어 낸 것은 아닐까.

또 지역 커뮤니티가 관리하던 시대와 비교하면 지금은 훨씬 많은 사람들이 공원을 이용하고 있다. 이번과 같은 일이 생겨도 누구의 짓인지 도무지 짐작도 가지 않는다. 이래서는 익명성의 악질적인 장난과 심술의 온상이 되기 쉽다.

이런 상황에서 우리가 할 수 있는 일은 무엇일까? 하나는 좀 더 적극적으로 우리가 공원에서 하는 활동을 홍보하는 것이다. 관찰회 공지를 공원에 게시하거나 야외 설명판을 설치하는 것도 좋겠다.

그렇게 하면 이러한 활동에 찬성하는 사람이 새롭게 나올지도 모르고, 암암리에 '우리가 단단히 눈뜨고 보고 있다'는 의사 표시가 되기도 한다. 이것이 악질적인 장난을 억제하는 방법이 될 수도 있다고 생각한다. 그리고 공원 이용자 사이에서 얼굴을 아는 관계를 넓혀 가는 것이 근본적인 해결책으로 이어지리라 생각한다.

그리고 공원을 찾는 보통 사람들에 대해 배타적·독선적이 되지 않도록 우리 스스로 마음가짐을 조절하는 것이 필요하다고 느꼈다. 우리가 소중하게 여기는 필드에 쓰레기가 버려져 있거나 간판이 파손된 것을 보면 화가 난다. 그러나 공원은 '우리만의 장소'가 아니다. 당연한 말이지만 그것을 간과해서는 우리 활동이 지속될 수 없음을 다시 한 번 명심해야 할 것이다.

공원을 아이들의 장소로

시로야마 도코로지스트회의 활동이 시작되고부터 아이들의 모습이 조금씩 변하기 시작했다. 일례로 처음부터 줄곧 모임에 나오는 세 살짜리 여자아이의 아버지가 이렇게 말했다.

"요즘 우리 딸은 휴일이 되면 시로야마 공원에 놀러가자고 졸라요. 이 공원을 정말 좋아하게 된 것 같습니다."

매월 시로야마 공원에 다니는 사이에 그 장소에 익숙해져서 가지 않고서는 견딜 수 없게 된 것이다. 내가 딸과 시로야마 공원에 나가 매수 같은 장소와 길을 산책하는 사이에 장소에 익숙해진 것과 같은 효과라고 할 수 있다. 이와 같이 차근차근 단계를 밟으면 장소에 대한 강한 애착이 생겨난다는 사실이 내 딸 이외의 아이에게서도 입증된 것 같았다.

또한 아이들의 생물에 대한 저항감이 줄어들고 강한 관심을 보이게 된 것도 큰 특징이다. 관찰회 전에는 만지지 못했던 생물들을 관찰회 후반에는 만질 수 있게 되었다. 메뚜기나 매미 등은 가까이다가가면서 재빨리 손으로 잡는 것이 기술이지만, 힘 조절을 잘못하면 너무 강하게 쥐게 되고 주저하다가는 놓치게 되므로 어느 정도의 과감함도 필요하다. 기껏해야 곤충을 잡는 것이지만 그것을 위해서는 곤충과 밀고 당기기가 필요하기도 하다.

이러한 것들을 아이들이 학습하기 위해서는 부모 자식 간과 같은 상하의 인간관계뿐 아니라 아이들끼리의 수평관계가 더 좋다는 사실도 나와 딸이 경험한 것이다. 아이들끼리의 관계에서도 서서히 변화가 보이기 시작했다. 처음에는 학교에서의 관계가 그대로 따라왔다. 그러나 도코로지스트회에는 다양한 연령대의 아이들이 참가하러 온다. 항상 참가하는 아이들을 중심으로 다른 연령과의 관계가 생기고, 보다 긴밀한 인간관계가 만들어지기 시작했다.

초등학교에서의 자연관찰 수업

새로운 기회

시로야마 도코로지스트회를 창립하고 1년 남짓 지난 2월, 딸이 다니는 초등학교 담임 선생님으로부터 4학년 이과 수업에서 자연관찰 지도를 해 달라는 연락이 왔다.

초등 4학년 이과에는 사계절의 자연관찰 시간이 있는데, 별다른 자연관찰 경험이 없는 담임 선생님으로서는 아이들에게 충분한 체험을 시켜 줄 수 없었고, 그러던 참에 딸의 일기에서 내가 학교 근처 공원에서 자연관찰회를 하고 있다는 것을 알게 되어 밑져야 본전이라는 생각으로 물었다는 모양이다.

늦은 저녁을 먹으면서 아내에게 그 상황을 듣고, 조금 생각한 끝에 자신은 없었지만 제안을 받아들이기로 했다. 자연관찰회가 어느 정도 궤도에 오르긴 했지만 나로서도 나아갈 다음 단계가 필요한 참이었다. 자연관찰회는 매회 구두 권유로 모은 몇몇 가족과 화기애애하게 진행하고 있었다. 그것도 나름대로 즐거웠고 의미도 있었다. 그러나 이나기 시에 사는 아이들 수에 비추어 보았을 때 너무나도 적은 수였다. 조금 더 효율적으로 많은 아이들에게 자연 체험 기회를 만들어 주고 싶던 참이었다.

수업 내용을 기획하다

그후 수업 시간에 자연관찰을 어떻게 진행할지 선생님과 의논을 시작했다. 주로 가정과 학교를 오가는 알림장으로 했다. 그 무렵 나는 직장 일이 많아 휴가를 내고 학교에 가기 어려웠고, 선생님도 하루 종일 수업으로 바쁜 데다가 전자메일을 자유롭게 사용할 수 있는 환경도 아니었기 때문이다. 의논 결과 일정은 3월 13일로 정해졌다. 바쁜 시기였지만 직장 동료와 상의해 간신히 쉴 수 있는 평일을 확보해 그날 하기로 했다.

4학년생이 두 학급(한 학급에 39명으로 총 78명)이었는데, 그것을 1~2교시에 한 팀, 3~4교시에 한 팀으로 배정했다. 1교시가 45분이므로 2교시라면 휴식 시간을 포함해 1시간 40분이 된다. 거기에서 학교와 필드를 왕복하는 시간과 준비 시간, 뒷정리 시간을 빼면 현지에서의 관찰 시간은 50분 정도 된다.

장소는 내 평소 필드인 시로야마 공원이 아닌 학교 앞 경사면 녹지로 결정했다. 자연의 풍요로움은 시로야마 공원에 비할 바가 못 되지만, 가능한 한 이동 시간을 줄여 시간을 잘 활용하고 싶었고, 또 아이들이 등하굣길에 다니는 장소가 좋다고 생각했기 때문이다. 근처를 지나다가 '그러고 보니 자연관찰 수업에서 본 그건 어떻게 됐을까?' 하는 호기심에 가끔씩 들르게 된다면 이상적이겠다.

휴일에 시간을 내서 답사를 해 보니, 길은 좁고 일주 코스를 짤 수 없어 아이들이 같은 길을 왕복하게 된다는 걸 알 수 있었다. 39명의 아이들이 줄을 서서 같은 길을 왕복하게 되면 충분한 관찰도 불가능하고 경사면이므로 위험도 따른다. 그래서 학급을 두 그룹으로 나누고 관찰 장소도 두 곳으로 나누기로 했다. 그래서 아이들이 한 장소를 20분씩 두 장소를 관찰하도록 했다.

수업은 미리 길가에 간이 설명판을 몇 장 설치해 놓고 그것을 보조 삼아 관찰하는 방식으로 진행했다. 설명판을 준비하는 것은 번거롭지만, 사람이 많을 때 대응하기가 비교적 쉽다. 게다가 내가 말로만 하는 것보다 구체적으로 시선을 잡아 둘 수 있는 내상이 있는 편이 아이들의 주의를 모으기 좋겠다는 계산도 있었다.

수업 당일

수업 당일에는 이나기 시 공무원인 시로야마 도코로지스트회의 구도 씨가 도움을 주겠다고 했다.

나는 딸을 학교에 보내고 30분쯤 후 만반의 준비를 하고 딸아이 교실로 들어섰다. 교단 위에 서서 선생님의 소개를 받으면서 자리에 앉아 나를 쳐다보는 딸과 눈이 마주쳤다. 묘한 기분이 들었다.

간단한 소개 후 곧장 아이들을 학교 앞 녹지로 데리고 갔다. 야외에 나오면 교실과 달리 아이들의 기분이 들뜬다. 녹지 앞 공원에서 다시 간단한 오리엔테이션을 진행한 후, 드디어 녹지로 발을 내디뎠다. 관찰 소재를 선택하면서는 가능한 한 그 계절에 어울리는 소재일 것, 만지거나 냄새를 맡거나 하며 오감을 사용할 수 있는 소재일 것, 발견하기 어려운 것을 찾거나 수를 세어 보기나 하는 실제로 아이들이 할 수 있는 작업의 요소를 포함하는 것을 염두에 두었다.

"이것 봐. 사마귀 알이 무언가에게 먹혀서 부서졌어. 분명히 새의 짓일 거야. 사마귀 알은 새에게 겨울 동안 귀중한 식량이기도 하단다. 만져 보면 단단한 스펀지 같아."

"거기 뿌리를 좀 볼래? 원통 모양의 집이 땅에서 나와 나무에 붙어 있지? 땅거미라고 하는 거미의 집이야. 밧줄로 둘러친 범위 안에 땅거미 집이 얼마나 되는지 세어 볼까?"

"이 나무 안에 곤충 알과 고치가 몇 개나 있는지 다 같이 세어 볼까?"

신경이 좀 쓰였는데 아이들의 반응은 생각 외로 좋았다. 초등학교 4학년쯤 되면 관찰력과 논리적 사고 능력이 발달해 세세한 차이를 발견하거나 관찰한 것을 발전시켜 추리하는 것이 가능하다. 호기심을 자극하면 점점 달려든다. 이런 점에서 유아 중심의 시로야마 공원의 관찰회보다 반응이 좋았던 것일지도 모른다.

도중에 비가 와서 우산을 쓰고 관찰했지만 결과는 충분히 만족

수업 모습.

스러웠다. 관찰한 장소는 대부분의 아이들이 보통 지나다니기는 했어도 허리를 구부리고 유심히 볼 기회는 없었던 장소였다. 지금까지 특별히 관심을 두지 않았던 장소에서 다양한 생물들의 이미지를 떠올릴 수 있게 된 것의 의의가 컸다.

수업 마지막에는 교실로 돌아와 그날 본 생물들을 다시 한 번 되돌아보면서 정리하는 이야기를 했다. 그리고 시로야마 공원에서 실시하는 관찰회를 홍보하는 것도 잊지 않았다.

한 해를 아우르는 관찰을

수업이 끝난 며칠 후, 알림장을 통해 선생님에게 감사 메시지가 왔다. 답신을 보내며 나는 앞으로의 일에 대해 이렇게 말했다.

"이번 수업은 저에게도 귀중한 체험이었습니다. 앞으로는 일회성이 아닌 사계절을 아울러 같은 장소를 관찰해 보실 것을 권합니다. 사계절의 변화를 볼 수 있고, 같은 장소에서 생물들과의 관계를 쌓아 나감으로써, 녹지에 대해서도 그저 나무가 자라는 장소라는 것뿐 아니라 생물들의 이미지를 포개어 인식할 수 있게 됩니다. 그것이 녹지만이 아니라 자신이 살고 있는 이 마을에 대해 특별한 애착을 갖는 마음으로 이어지기 때문입니다."

초등학교 5학년이 되면 이제 지구 환경 문제가 단원에 들어간다. 그러나 실감하기 어려운 지구 규모의 온난화나 열대우림 문제를 충분한 원체험을 쌓지 못한 채로 생각하게 하는 것은 도리어 아이들을 환경 문제로부터 멀어지게 할 뿐이다. 나는 그 전에 가능한 한 가까운 곳에서 자연 체험을 쌓게 해 주고 싶었다.

그리고 신학기를 맞이한 4월 중순, 딸의 담임을 맡았던 선생님으로부터 다시 4학년 수업을 하게 되었으니 이번에는 1년 동안 가능한 범위에서 수업을 담당해 보지 않겠냐는 연락을 받았다. 내가 먼저 꺼낸 이야기이므로 받아들이기로 했다. 수업 후 몇 명의 아이들이 시로야마 공원 관찰회에 참가하게 된 것도 내게 용기를 불어넣어 주었다.

학교 수업에서 얕고 넓게 체험의 장을 준비하고, 시로야마 공원 관찰회에서는 깊고 지속적으로 체험하는 장을 준비한다. 이 둘이 궤도에 올라 서로 보완하게 되면 아이들을 대상으로 한 도코로지스트 활동은 크게 진보할 것이다.

새로운 과제

한편으로 이런 경험을 통해 과제도 발견했다. 최근 초등학교에서는 지역의 인력을 각종 특화 수업의 강사로 활용하려는 추세다. 물론 지역 안에서 적당한 인재를 찾기란 쉽지 않다. 나는 내가 할 수 있는 범위의 일을 해 나갈 생각이다. 그러나 이나기 시에는 11개의 초등학교가 있고, 이 초등학교 모두를 나 혼자 감당할 수는 없다. 지원의 취약함을 실감할 뿐이다.

어떻게 하면 이런 학교 지원을 구조로 만들어 갈 수 있을까에 대해서도 생각해야 한다. 역량 있는 강사를 늘리기 위한 연수회나, 학교와 인재를 연결시키는 구조도 검토해 보면 좋겠다.

게다가 생업을 뒤로하고 학교의 평일 수업을 맡는 것도 어려운 일이다. 근무처의 이해도 필요하고 토요 수업으로 대체하는 등 학교 차원의 배려도 필요하다고 본다.

가정과 지역과 일이 연결되다

딸에게서 작은 이변을 느끼고 근처의 숲을 딸과 산책하는 것에서 시작한 나의 도코로지스트 생활은, 그후 밭 경작을 통해 장소와의 관계가 깊어졌고, 유치원을 거점으로 한 활동을 거쳐 점차 지역 사회와의 연결이 두터워졌다. 그리고 근처의 공원에서 관찰회를 열고 초등학교 수업을 맡는 등 활동의 장이 점점 넓어졌다.

이런 경험을 통해 필드를 갖는다는 것은 가정·지역·일터와 지금까지 전부 흩어져 있던 것들을 연결하는 계기가 되지 않을까 생각하게 되었다. 나는 유치원을 활동 장소로 삼음으로써 아빠들로 구성된 친구 네트워크가 단숨에 확장되었다. 일하고 돌아오는 길에 함께 술을 마시는 일도 잦아졌고, 취미·육아·지역·일과 사회의 문제 등 이야깃거리는 여러 방향으로 갈라졌다. 그때까지 생각하지 못한 사고방식과 마주치거나 하면서 내 안의 폭이 넓어지는 느낌이 들었다.

내가 자주 만나던 사람들은 자동차나 기동차 부품 회사, 가진 회사, 반도체, 약품업계, 보청기 회사, 호텔 등에 다니거나 수질 조사원, 교사, 물리치료사, 정원사, 카메라맨 등으로 실로 다채로웠다. 그러나 역시 가장 특이한 건 나였을지도 모른다. 자연보호 NGO의 직원이라는 직업 자체가 그들에게는 미지의 영역이었음에 틀림없다. 아빠들과의 사귐은 나에게 없어서는 안 될 희귀한 경험이 되었다.

그렇게 부풀어 가던 나의 사생활은 빙빙 돌아 이번에는 일로 돌아오게 되었다. 다른 업종의 아빠들과의 교류, 그리고 지역 사람들과의 교류에서 얻은 간가은 그대로 생활인으로시의 나의 감각이 되어, 일 속에서 새로운 기획으로 튀어나오기도 했다. 특히 나와 같은 입장인 육아에 열심인 아빠들을 의식하는 기획은 업무상에서도 중요한 주제가 되었다.

반대로 일을 하면서 생각한 것이 지역 활동 안으로 환원되는 경우도 있었다. 또 개인적으로 사귀던 아빠들과의 관계가 업무 관계로 이어진 경우도 있다. 이렇게 해서 도대체 어디부터가 일이고 어디까지가 사생활인지 선을 긋기가 어려운 상황이 되었다.

사생활과 일 사이에 정확히 선을 그으라는 말도 있지만, 어차피 한 인간의 시간은 한정되어 있다. 그렇다면 필드를 통해 일과 양육, 지역 활동과 생애 학습까지 모두 연결시키는 편이 효율적일 것이다.

나의 경우 직업이 특수하다면 특수하겠지만, 이것을 제쳐 두더라도 일과 관련 없는 인간관계를 갖는 것은 시야를 넓게 해 줄 뿐 아니라, 그 관계가 반드시 일에도 반영될 것이라고 생각한다. 자신이 살고 있는 지역의 필드를 축으로 그런 인간관계를 가질 수 있다면 그곳에 가족과 아이들도 끌어들이기 쉽다.

이렇게 필드를 통해 일의 영역과 사적 영역 모두를 충실하게 만들 수 있는 것이 도코로지스트 생활의 좋은 점이라 생각한다.

도코로지스트는 제2의 직업

도코로지스트란 자연에 관심이 있는 사람만을 가리키는 것이 아니다. 현대인들에게 중요한 생활방식을 시사하는 말이라고 생각한다.

나의 어린 시절은 고도 경제 성장으로 인해 한껏 들뜬 감정과 공해에 의한 암울하게 가라앉는 불안감이 공존하는 시대였다. 그 속에서 놀이터였던 주변 자연을 점점 잃어가는 경험을 했다. 그후 청년기에는 버블 광란과 그것의 붕괴 속에서 세상의 흔들림에 휘둘리는 허무함을 뼈저리게 깨달았다. 그리고 긴 불황 속에서 부모가 되었다.

앞으로 아이들이 살아갈 시대는 더 크게 변할 것이다. 성장을 기대하기 어려운 경제 상황과 아이들은 적어지고 고령자는 많아지는 사회, 여기에 더해 환경이라는 가차 없는 제약 요인과도 싸워야 한다.

나는 한 사람의 부모로서 아이들에게 이 험한 시대를 행복하게 살아가기 위한 힘을 길러 주고 싶다. 시대의 흔들림에 영향을 받지 않고 자신의 감각으로 주변 환경을 파악하고 그 장소에 뿌리내린 생활을 할 수 있는 사람이 되었으면 좋겠다. 그런 생활을 즐기는 감성을 몸에 익혀 주었으면 좋겠다. 그 기초가 되는 것이 도코로지스트의 관점이라고 생각한다.

나는 도코로지스트를 제2의 직업이라고 생각한다. 수입을 얻을 수 있는 일은 아니지만 직업과 같이 책임을 느낀다는 의미다.

아이들에게 도코로지스트를 전하기 위해서는 우선 어른들이 보여 주어야 한다. 무엇을 믿어야 좋을지 알 수 없는 시대이기 때문에 더욱 자신의 필드를 걸으며 그 땅에 애착을 갖고서 행복하게 생활하는 어른의 모습을 먼저 보여 주는 것이 중요하다고 생각한다.

제2부

지역생태활동가, 도코로지스트 되기

0 _____
시작은 걷기

시작하기는 쉽다. 일단 걷기 시작할 것. 단 걷는 방법을 좀 더 연구하는 것이 포인트다. 우선은 자신이 항상 걷는 장소(필드)를 한 군데 정해 그곳을 계속 걷는다.

"걷다 보니 어느새 10년째다."

"처음에는 새 관찰만 할 생각이었는데, 그러나 보니 관심이 확장되어 곤충과 식물, 역사에도 흥미를 가지게 되었다."

필드를 걷는 방법에 '이거다'라고 말할 만한 정답은 없다. 도코로지스트가 되기 위한 구체적인 방법을 소개한 2부의 내용을 참고해 자신만의 방법을 생각해 보기 바란다.

1 ——————— 가장 먼저 필드를 정한다

필드란?

　산책하며 걷는 것과 '도코로지스트'가 되어 걷는 것의 가장 큰 차이점은 걷는 장소를 결정하는 방법에 있다.

　일반적인 산책인 경우에는 '차가 적은 길'이라든지 '풍경이 좋은 길' 같은 식으로 어딘가 맘에 드는 코스를 정해서 걷고, 그날의 기분에 따라 걷는 장소나 범위, 거리 등을 바꾸는 경우가 많다. 그에 반해 도코로지스트는 자신이 걸을 영역을 미리 확실하게 정해 지도에 선으로 그어 놓는다. 그 선으로 둘러싸인 범위를 '필드'라 부르고, 필드 안을 구석구석 세심하게 살피며 걷는다.

　범위를 명확하게 정함으로써 관찰의 집중력을 지속시켜 자연의 작은 변화도 쉽게 인식하기 위한 것이다. 같은 장소라도 계절이 변하면 전혀 다른 생물들의 모습을 볼 수 있다. 2~3년 같은 장소를 계속 다니다 보면 해마다의 변화가 보이고, 그것을 10년 계속하면 훨씬 더 장기적인 변화를 볼 수 있다. 중요한 것은 '같은 장소를 계속 지켜본다'는 것이다.

이런 이유로 도코로지스트가 되기 위한 첫걸음은 자신의 '장소', 다시 말해 필드를 정하는 것부터 시작한다.

다니기 쉬운 필드를 찾자

일본야조회에는 전국 각지에서 행해지는 탐조회(버드워칭 이벤트)의 자원활동가 리더가 3000명 이상 있고, 그중에는 30년 이상 같은 필드를 다니는 사람들이 많다. 그들 대부분 집에서 5~15분 떨어진 곳에 필드가 있다는 것이 공통점이다.

집에서 필드까지의 이동 시간이 15분 이내라면 딱 적당하다. 이 정도로 가까우면 비가 와도 금방 피할 수 있고, 잊어버린 물건을 가지러 갈 수도 있다. 30분 정도의 시간만 생겨도 '잠깐 가서 보고 오자'가 가능하고 아침 출근 전에 걸어 볼 수도 있다. 또 근처에 화장실이 없어도 집에 갈 수 있는 거리다.

필드의 넓이는?

필드가 '넓으면 넓을수록 좋다'고는 할 수 없다. 너무 넓으면 눈이 닿지 않는 곳이 생기고 너무 좁으면 환경의 다양성이 없어 흥미를 잃게 된다. 내 경험에 비추어 보면, 처음 시작하는 필드는 3~4킬로미터의 코스를 넉넉히 잡을 수 있는 넓이가 적당하다.

다소 개인차가 있겠지만 자연관찰을 하면서 천천히 걷는다면 시속 1~2킬로미터 정도 된다. 이것은 어른이 보통 걸음으로 걸을 때의 절반 이하의 속도다. 이 속도로 두 시간 필드를 걸으면 이동 거리가 3~4킬로미터쯤 된다. 또 관찰은 때로 집중력을 필요로 한다. 때문에 두 시간 정도 걸을 수 있는 넓이가 적당하다.

마을의 공원을 필드로 삼는다

시가지의 공원은 무슨 이유에서인지 개발되지 않고 남겨진 공간인 경우가 많다. 이때 그 공원은 원래 그 토지가 가지고 있는 기복을 나타내고 있을지도 모르고, 시가지화되기 전의 옛 모습을 남기고 있을지도 모른다.

내가 딸과 걷는 공원에는 '육군용지'라고 적힌 말뚝이 여기저기 세워져 있다. 옛 육군 탄약공장 부지와 인접한 곳이었던 것이다. 전쟁이 끝난 후, 그 토지는 미군에게 접수되어 현재는 대부분 미군의 오락 시설이 되었다.

'육군용지'라고 써 있는 말뚝.

마을의 공원을 필드로 삼아 조금만 파고들어 보면 그 토지에 배어 있는 다른 이야기를 알게 된다.

강을 필드로 삼는다

도코로지스트의 첫 필드로 또 하나 추천하고 싶은 장소는 하천이다. 하천은 공원과 같이 시가지 안의 중요한 자연 환경이며, 자연관찰을 시작하는 사람들이 관찰을 하기에 적합한 장소이기도 하다.

버드워칭의 경우에도 초보자에게는 삼림이나 해변보다 하천을 필드로 추천한다. 삼림에서는 나무가 우거져 시야가 좁기 때문에

강가에서 바라본 강. 수면 가까이 눈을 대고 보면, 위에서 봤을 때는 알 수 없었던 생태가 보인다.

나무 사이를 이동하는 작은 새를 관찰하기는 어렵다. 또 해변과 큰 호수 등에서는 새와의 거리가 너무 멀어 이것도 초보자에게는 어렵다. 이런 점에서 하천(특히 양안 간격이 20미터 정도인 하천)이라면 시야가 적당하게 열려 있을 뿐 아니라 오리나 백로 등의 새는 작은 새에 비해 몸집이 크고 움직임도 완만해 망원경이나 쌍안경 없이도 비교적 간단하게 볼 수 있다.

또 물속에 들어갈 수 있다면 새뿐 아니라 물고기나 수생 동식물을 관찰할 수 있고, 하천변의 풀들이 자라는 곳에 가면 메뚜기나 사마귀 등의 곤충도 풍부하다. 어느 정도 면적이 되면 야생의 분위기가 물씬 풍기는 자연을 감상할 수 있는 것이 하천의 매력이다.

생활의 장을 필드로 한다

'필드'라는 말에서 공원과 녹지, 큰 연못, 하천 등 어떤 일정한 규모의 자연이 있는 장소가 연상될지도 모르지만, 사실 자신이 생활하는 장소 그 자체가 필드가 된다.

우선 지도를 보면서 집 주변을 걸어 보자. 그러면 큰 자연은 없어도 마을 안에 점점이 수규모의 자연이 있음을 알 수 있다. 예를 들면 경사가 급해서 개발되지 않고 남겨진 경사면 녹지, 공장이나 학교, 그외 공공시설 부지 안의 작은 녹지, 가로수, 잔디밭, 낮은 키의 식물들을 심어 놓은 곳, 작은 연못 등.

게다가 꼭 녹지만이 자연은 아니다. 전신주나 집의 기와, 도로 건설 예정지의 공터, 빌딩 안의 작은 틈바구니 등도 도시에 살아가는 생물들에게는 중요한 서식처가 되는 경우가 있다.

생활의 장을 필드로 하는 데에는 몇 가지 장점이 있다. 그중 하나는 필드를 걷는 빈도가 굉장히 높아진다는 것이다. 통근 시간이나 쇼핑 등 일상 자체가 필드 걷기가 되므로 시간이 별로 없는 사람에게 추천할 만하다(→ 칼럼).

또 하나 좋은 점은 자기 아이가 다니는 학교나 때때로 퇴근 후 들리는 주점 등 생활과 접점이 있는 장소에 생물들의 이미지가 포개지면 같은 풍경이라도 전혀 다르게 보이기 시작한다는 것이다.

출근길 버드워칭

하마구치 선생님의 발상에서 출발해 '도코로지스트'라는 단어를 제안한
일본야조회 회원 다바타 유 씨는 실천 방법의 하나로 '출근길 버드워칭'
을 추천한다. 매일 아침 출근할 때 집부터 역까지의 3킬로미터 정도 정
해진 길을 걸으면서 마을의 새들의 종류와 수를 조사하는 방법이다.

'필드를 걸어 보자' 마음 먹으면 휴일의 반나절을 써 버리게 되니,
바쁜 사람이라면 그것만으로도 자연관찰을 멀리하게 될지도 모른다.
그러나 출근길을 필드로 삼으면 매일 필드를 걸을 수 있다.

구체적으로는 항상 걷던 출근길을 조금 변경해서 차의 통행량이 적

은 길을 선택하거나 조금 멀리 돌더라도 공원이나 하천이 있는 장소를 코스로 넣고, 쌍안경과 메모장, 필기구를 들고 평상시보다 조금 빨리 집을 나선다. 걸으면서 도중에 볼 수 있는 새의 종류와 수를 손에 들고 있는 지도와 기록 용지에 적어 나간다.

다바타 씨는 이 '출근길 버드워칭'을 통해 직박구리, 멧비둘기 등 마을에서 흔히 볼 수 있었던 새들이 보여 주는 행동의 재미에 푹 빠졌다고 한다. 참새 무리를 발견했을 때도 '아, 참새다' 하고 그냥 지나치는 것이 아니라 몇 마리인지 세어 봄으로써 실제로는 참새가 아닌 새도 섞여 있더라는 식으로 보다 자세히 보는 방법을 몸에 익힐 수 있었다는 것이다. 또 도중에 항상 만나는 사람들과 인사를 하게 되면서 지역에서

의 인간관계가 저절로 넓어졌다고 한다.

기록한 정보를 모아서 나중에 새의 종류별로 표를 만들거나 수를 정리해 그래프를 만들어 보면 최초로 본 날(어느 철새를 연중 처음으로 확인한 날), 마지막으로 본 날(모습을 볼 수 없게 된 날), 계절 이동 등 이런저런

생활 장소 근처의 생물들

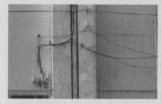

학교 건물 작은 틈에는 참새의 둥지가 밀집해 있다.

자재를 놓는 공간에 둥지를 만들려는 작은 물떼새.

찌르레기에게 당한 도마뱀.

풀밭에 있던 선충류.

물웅덩이에서 흰털발제비가 진흙을 모으고 있다.

슈퍼마켓 주차장에 집을 지은 흰털발제비.

양태를 알게 되고 자기 마을에 서식하는 새의 움직임을 보게 된다. 새의 시점으로 마을을 보는 경험은 자기 마을에 대한 애착을 더욱 강하게 해 줄 것임에 틀림없다.

2 ─────── 한손에 지도를 들고 걷는다

이거였구나!

지도를 보는 것의 의미

지도는 필드에 나갈 때 필수품이다. 그러나 매회 같은 장소를 산책하면서 굳이 지도를 볼 필요가 있냐고 생각할지 모른다. 그럼에도 꼭 추천하고 싶다. 자주 다니는 자신의 필드이기 때문에야말로 지도를 꼭 보았으면 한다.

평소에 걷는 것이 익숙한 장소라도 지도를 보며 걸으면 객관적으로 그 장소를 볼 수 있게 된다. 지도를 보는 것은 하늘에서 전체를 내려다보는 것이다. 출발 지점과 목적 지점을 같은 시계(視界)에 넣고 자신이 어떤 지형의 장소를 걷고 있는지 분간해서 보게 된다. 다시 말해 자기 발밑에 있는 각각의 생물들을 보면서 동시에 위로

걸을 때의 시선.

지도를 볼 때의 시선.

부터 좀 더 큰 틀에서 지형과 경관 등을 보는 것이다.

그 외에 관찰의 불균형을 막는 효과도 있다. 인간의 주의력은 아무래도 균형적이지 못하다. 그러나 지도를 보면서 걸음으로써 일정한 주의력을 갖게 되고, 관찰에 불균형이 생기는 것을 억제해 주는 것이다.

또 지도는 자신이 필드에서 본 것을 다른 사람에게 전달하기에도 편리하다. 주소로는 표현할 수 없는 위치 정보를 정확하게 전달할 수 있다.

지형도를 사용하자

서점에는 정말 많은 종류의 지도를 팔고 있지만 그 대부분은 차나 오토바이를 타는 사람들이 길을 찾기 위한 로드맵이다. 그러나 로드맵은 필드를 걸을 때 쓰기에는 부적합하다.

그럼 어떤 지도가 좋을까? 필드에서는 지형도를 사용해야 한다. 지형도는 국토지리원에서 발행하는 1/25,000 지도가 기본으로, 등고선에 따른 지형이 그려진 지도를 가리킨다. 지형도가 좋은 이유는 건물과 교차점 등 인공적인 표시가 적은 장소에서는 등고선의 형태로 지형을 파악할 수 있고, 민가의 위치나 길의 굴곡 정도 등을 통해 종합적으로 현재의 위치를 알 수 있기 때문이다.

그러나 1/25,000 지형도를 펼치고 실제로 걸어 보면 정확한 현재의 위치를 표시하기에는 이 축척이 너무 작은 경우가 있다.* 특히 길을 걸으면서 발견한 생물이 서식하는 장소를 정확하게 지도에 표시하기 위해서는 적어도 1/10,000 또는 가능하다면 1/5,000 지도가 필요하다. 이 지도는 각 지자체에서 독자적으로 만드는 경우가 많기 때문에 시청이나 구청의 도시계획과 등에 문의해야 한다.

1/25,000 지형도는 국토지리원 홈페이지에서 필요한 장소의 지형도를 무료로 내려 받을 수 있고, 대형 서점에서도 구입할 수 있다.

지도는 두 가지 배율로 복사한다

1/10,000 이나 1/5,000 지도를 손에 넣으면 원판은 소중히 보관해 두고, 실제로 필드에서 사용할 지도는 복사를 해서 준비한다. 복사는 두 가지 배율로 한다.

하나는 자신의 필드 전체가 A4 사이즈에 쏙 들어갈 정도로 확대한 광역 지도(소축척지도)로, 이것은 자기 필드의 전체상을 파악하기 위해 사용한다. 지금 걷는 길이 어떤 지형 속에 있는지를 보거나, 멀리 보이는 산의 위치로부터 현재 위치를 찾을 때 편리하다.

또 하나는 실제로 관찰한 생물의 위치를 기록하기 위한 상세 지도(대축척지도)다. 광역 지도를 어느 정도 균등하게 블록으로 나누고, 그 블록 가운데 하나를 다시 확대 복사한 지도를 A4 사이즈로 준비한다. 광역 지도와 상세 지도는 같은 지도를 사용해야 하고, 테두리 밖의 눈금도 함께 붙여 복사하는 것이 포인트다.

● 지도에서 '축척이 작다'고 하면 보다 넓은 범위의 큰 사이즈 지도를 가리키며, '축척이 크다'고 하면 보다 좁은 범위로 상세하게 묘사된 지도를 말한다.

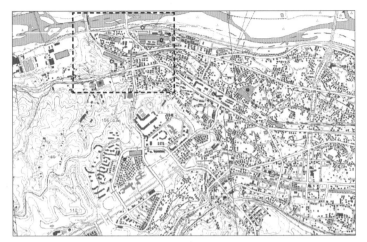

광역 지도(필드 전체를 범위에 포함한 지도).

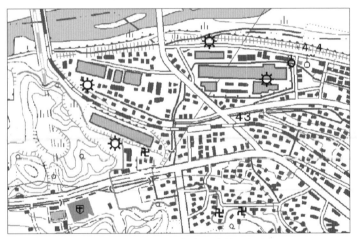

상세 지도(그날 걸을 범위만 확대해 잘라 낸 지도: 위 지도의 점선 부분).

또 지도를 복사할 때는 어느 정도 여백을 남기고 복사한다. 그러면 지도에 직접 정보를 써넣을 때 편리하고 써넣은 문자를 나중에 판독하기도 쉽다. 사소하지만 이런 작은 노력이 필드에서 작업을 용이하게 한다.

지도와 필드의 상황이 다를 때

지도를 보면서 필드를 걷다 보면 때때로 곤란한 일이 일어난다. 지도와 현지의 상태가 달라서 현재 위치를 잃어버리는 경우다.

이런 사고를 방지하기 위해 반드시 최신의 지도를 사용해야 한다. 그리고 사전에 지도를 보면서 필드를 걸으며 이러한 차이를 해소해 두어야 한다. 나아가 지도와 현지에 차이가 있는 것은 당연하므로 설령 현지에서 혼란이 생겨도 당황하지 말고 대처하는 것이 중요하다. 특히 시간에 쫓기는 조사가 아니라면 현재의 위치를 알 수 있는 장소까지 이동해 거기서부터 다시 한 번 길을 찾아가 봄으로써 어디서 길을 잃었는지 알 수 있다.

현재의 위치를 알 수 없게 되는 많은 경우가 낡은 지도를 사용하거나 지도를 잘못 보기 때문이다.

토지이용도를 만들어 본다

토지이용도란 문자 그대로 그 장소가 어떤 용도로 사용되고 있는지 한눈에 알 수 있도록 색깔로 구분한 지도다(→ 칼럼).

만드는 방법은 간단하다. 지형도에는 다양한 기호가 있다. 밭이나 논, 과수원, 주택지, 공장 건물 등 상세하게 그 토지의 용도가 그려져 있다. 이 기호에 따라 대략적으로 색을 칠하면 된다.

토지이용도를 만들어 보면 자신의 필드에 어떤 유형의 장소가 많은지 알 수 있다. 그것은 평소에 자신이 걸으면서 눈으로 보아 얻은 인상과 반드시 일치하지 않을 수도 있다. 내가 생각한 것을 수정하고 객관적으로 자신의 필드를 파악하기에 유익한 작업이다.

그리고 토지이용도에 생물을 발견한 장소의 정보를 덧붙이면 '왜 이런 분포가 되었을까?'를 생각할 때 힌트가 된다. 예를 들면 때까치가 항상 같은 장소의 나뭇가지에 머무는 경우가 있다. 그것을 토지이용도와 같이 보면 그 나무가 삼림과 들판을 오가기에 편리한 장소라는 사실을 알 수 있다. 때까치의 먹이는 풀밭에 사는 메뚜기나 개구리이고, 먹이를 얻는 장소를 다 내다볼 수 있는 나뭇가지에 머물러 있는 경우가 많았던 것이다.

필드를 항공사진으로 보다

지도를 보는 것에 익숙해지면 항공사진을 보는 것에도 도전해 보자. 인터넷을 사용하는 사람이라면 웹상에서 간단하게 원하는 곳의 항공사진을 볼 수 있다. 야후나 구글이 지도를 제공하는 관람 서비스가 잘 되어 있다. 우선 지도에서 자신의 필드를 정한 후, 항공사진으로 바꾸는 버튼을 클릭하면 관람 가능하다.

토지이용도

아래 그림은 내가 평소에 걷는 1.5킬로미터 사방의 범위를 논밭과 초지, 시가지, 나대지, 수림지 등으로 구분한 것이다. 수림지는 숲과 임야를 가리킨다. 시가지는 주택지와 공장이 밀집해 있는 곳, 나대지는 운동장이나 자재 보관소 등이다.

　이것을 보면 여러 가지를 알 수 있다. 우선 집 주변에는 구릉지가 남아 있고 녹지가 많은 지역이라는 것을 알 수 있다. 그리고 두 개의 하천과 예로부터 논을 위해 끌어들인 용수로가 돌아 흐르고 있고, 수변의 환경이 충실하게 남아 있다. 다마 강 주위에는 풀들이 높이 자란 들판이 펼쳐져 있고 숲과 수변과 들판의 균형이 잡혀 있어서 생물들에게 윤택한 환경임을 알 수 있다.

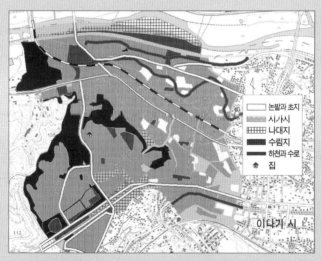

집 주변의 토지이용도: 수림(검은 부분), 나대지(모눈종이모양), 논밭과 초지(하얀 부분), 시가지(회색)로 구성되어 있다.

107

상공에서 본 녹지.

단 항공사진을 보기 위해서는 약간의 훈련이 필요하다. 지도와 다르게 항공사진에는 지명, 역명, 도로명 표시가 없다. 특히 도심 에서는 시가지가 복잡한 형태로 퍼져 있어서 처음 보는 사람은 어 디가 어디인지 알기 어렵다.

위치 관계를 확인하는 비결은 우선 주변 가까운 곳의 하천 위치 를 파악하고, 그 하천을 따라 올라가며 지형과 시가지 모양, 녹지 형태 등을 근거로 장소를 특정해 가는 것이다.

항공사진을 보는 것은 자신이 새가 되어 활공하는 것 같은 체험 이며, 자신의 필드가 어떠한 대지의 연관 속에 있는지를 알 수 있 는 자극적인 체험이 될 것이다.

3 ———————— 필드를 보는 법, 걷는 법

다다다

같은 장소를 반복해 걷는다

　필드의 지형도를 입수했다면 가능한 한 성실하게 필드를 걸어 보자. 필드를 다닌 횟수와 걸은 시간에 비례해 도코로지스트로서의 견식 또한 높아지는 법이니 말이다.

　도코로지스트의 기본은 '한 장소를 반복해 걷기'다. 특히 처음에는 같은 장소, 같은 길을 반복해서 걷는 것이 장소와 친숙해지는 지름길이다. 여러 번 걸어 본 뒤에야 비로소 새나 곤충의 소리, 빨갛게 물든 열매, 길 끝에 있는 꽃 등 그 계절 생물들의 존재를 인식할 수 있는 여유가 생긴다. 그러면서 차츰 '저 나무의 가지에는 사마귀의 알이 있다'라든지, '저 나무에는 항상 때까치가 머물며 울

곤 한다'라는 식으로 항상 마주치는 생물의 행동 패턴을 이해할 수 있게 된다.

그리고 눈을 감고도 걸을 수 있을 만큼 길에 친숙해지면 잘 발견하기 어려운 장소에 머무는 새들이나 잎의 그늘에 숨어 있는 곤충들, 나무껍질 틈에 붙어 있는 거미 알 등도 눈에 띄기 시작한다. 또 같은 종류의 거미라 하더라도 먹이를 잘 잡을 수 있는 장소에 있는 거미는 몸집이 크고 그렇지 않은 장소의 거미는 몸집이 작다는 것도 알게 된다. 이런 사실을 알아차릴 정도가 되면 꽤나 눈이 트였다고 말해도 좋다.

정점 포인트를 정한다

나는 산책 코스에 있는 큰 자귀나무를 항상 관찰한다. 딸과 함께 산책하면서 옆을 지날 때 잠시 멈춰 잎과 꽃이 얼마나 피었는지와 꽃에 날아드는 곤충을 관찰한다.

그리고 '작년보다 꽃이 더 많이 피었다'리든지 '꽃을 찾는 곤충을 잡으려고 제비가 왔다' 같은 식으로, 딸과 함께 그 나무를 관찰한 일을 사진으로 찍어 필드 노트에 기록한다.

정점 포인트로는 작은 연못이나 흙이 있는 사면 등을 정해도 재밌다. 특정 장소에서 보는 풍경도 좋다. 같은 각도에서 볼 수 있는 풍경을 계속 찍는 것뿐이라 해도, 오랜 시간 계속하다 보면 환경의 변화를 볼 수 있게 되고 귀중한 자료가 된다.

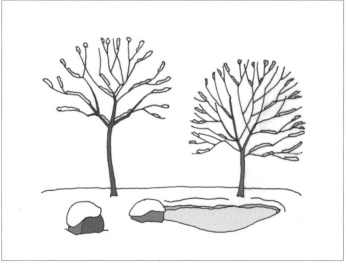

정점 포인트를 정하고 매번 빠짐없이 관찰하다 보면 세세한 계절 변화를 알아차릴 수 있다.

필드를 다니는 빈도

필드를 자주 다닐수록 그 장소의 변화를 자세하게 파악할 수 있다는 건 두말할 필요도 없다. 그럼 연간 어느 정도의 페이스로 다니는 것이 좋을까. 개략적으로 계절 변화를 파악하기 위해서라면, 최소한 월 2~3회는 다니는 게 좋다. 달의 시작과 중순경에 2주마다의 변화를 쫓을 수 있다.

꽃과 곤충, 새 등을 '처음 만난 날'과 '마지막 만난 날'을 확인하려면 주 2~3회는 필드를 걸어야 한다. 처음 만난 날이란 '벚꽃이 개화하다' '산개구리가 산란하다'와 같이 계절을 상징하는 사건이 처음 확인된 날이라는 뜻이다. 거꾸로 마지막 날이라는 것은 '겨울새인 개똥지빠귀가 없어졌다' '유지매미가 울음을 멈췄다'와 같이 계절을 상징하는 사건을 마지막으로 확인한 날을 가리킨다.

'처음 만난 날'과 '마지막 만난 날'은 계절의 움직임을 사실적으로 파악하는 데 있어 중요한 정보다. 처음 만난 날은 말 그대로 처음 확인한 날을 알면 되지만, 마지막으로 만난 날은 그 생물이 자취를 감춘 후로도 관찰을 계속해 그 후에도 보이지 않는다는 것을 확인해야 하므로, 처음 만난 날을 확인하는 것보다 몇 배나 더 어렵다.

걷는 속도를 바꿔 보자

걷는 속도도 중요하다. 걷는 속도에 따라 발견하는 정보의 양이 완전히 달라진다.

나는 자주 내 필드를 조깅하곤 하는데, 그때의 속도는 시속 7~10킬로미터다. 이 속도로 달리면 옆을 볼 수도 없고 고작해야 전방 10미터 이내의 것만 시야에 들어온다. 대략적인 지형이나 환경의 차이, 눈이 띄는 꽃과 나무 열매, 큰 소리로 우는 새나 곤충밖에 보지 못한다.

걸을 때의 속도는 시속 2~4킬로미터 정도다. 이 정도면 주위 생물들의 움직임을 살피며 걸을 수 있다. 시야는 후방으로까지 확장되어 반경 30미터에 이른다.

큰 딸이 초등학생이 되고부터는 작은 딸과 함께 필드를 걷는데, 어린 아이들은 눈이 멈추는 곳에 흥미를 보이고 그 장소에 꽂혀

이동 속도에 따라 알아차릴 수 있는 정보가 변한다.

좀처럼 전진하지 못한다. 그러면 속도는 시속 1킬로미터 정도가
된다. 그 정도 속도로 걸으면, 덤불 속에 몸을 숨긴 새들이나, 꽃의
꿀을 빨러 온 나비도 발견할 수 있다. 또 발견한 것을 필드 노트에
기록할 마음의 여유도 생긴다.

공간 인식을 넓힌다

보통 '걷는다'고 하면 '집에서 지하철역까지 길을 따라 걷는 것'
처럼, 어느 지점에서 지점까지를 이은 선상을 걷는 이미지를 떠올
린다. 그러나 어느 장소의 전체 상을 파악하려고 할 때에는 그것만
으로는 부족하다.

나는 딸과 산 속을 산책할 때, 항상 같은 길을 걷기는 하지만 가
끔씩 일부러 다른 길로 가기도 한다. 예를 들어 두 갈래 갈림길에
서 다른 길로 가면, 아이는 갑자기 불안해하며 "여기가 어디야?"
"돌아갈래!"라고 말하기 시작한다. 그러나 한 10미터 정도 더 가서
익숙한 길과 합류하면 금방 자신이 있는 곳을 알아채고 안심한다.
그리고 몇 번이고 "아빠, 우리 지금 어디를 지나온 거야?"라고 묻
는다. 딸의 머릿속 장소 인식에 약간의 혼란이 온 것이다.

이처럼 정해진 길을 걷더라도 때때로 코스를 벗어나 걸어 봄으
로써 자신이 걷고 있는 장소를 조금씩 입체적으로 파악할 수 있게
된다. 다시 말해 선에서 면으로, 면에서 입체로 그 장소에 대한 공
간 인식이 넓어지는 것이다.

생물들의 분포를 파악한다

식물과 곤충 등의 생물은 인간의 감각으로는 인식할 수 없는 미세한 환경의 차이를 선택해 살아간다. 그렇기 때문에 생물 분포를 파악할 때도 면으로 걸어서 파악하는 감각이 필요하다.

예를 들면 어두운 숲 속에서 숲 밖으로 한 걸음 나온 것만으로도 햇빛이 들어오는 정도가 크게 달라져서 볼 수 있는 생물의 종류가 전혀 달라진다. 인간에게는 단 한 걸음이지만 생물들의 서식

생물지도(모든 길을 걸으며 참새가 있는 장소를 표시했다.

환경으로서는 완전히 다른 세계가 펼쳐지는 것이다. 같은 지형 안이어도 계곡과 산등성이는 지면의 습한 정도도 다르고 거기에 사는 생물도 다른 것을 자주 경험할 수 있다.

여기에서 대두되는 문제는 '면으로 걷는다'고 했을 때 코스 설정 방법이다. 넓은 길뿐 아니라 차가 다니지 못하는 좁은 길도 전부 걷기 때문에, 미리 걷는 코스를 정해 놓지 않으면 필드에서 헤매게 된다. 내가 자주 사용하는 방법은 걸을 장소를 지도상에서 미리 사방 500미터 정도 작은 블록으로 나누고, 그 작은 블록 속을 이 잡듯이 샅샅이 살피며 걷는 것이다.

여러 안경을 통해 본다

도코로지스트는 장소의 전문가이기 때문에 새, 곤충, 식물뿐 아니라 그 생물을 기르는 지형, 토양, 물에 대해서도 관심을 가져야 한다.

그리고 '역사'적인 관점과 '사람과 사회의 관계'라는 관점에서 보는 것도 잊어서는 안 된다. 그 장소가 원래 어떤 장소였는지, 땅의 주인은 누구인지, 행정 계획상에서 어떤 위치를 갖는지 등에 관한 정보를 수집한다.

하나의 장소를 다양한 관점에서 본다는 것은, 예컨대 그 장소를 보기 위해 관점에 따라 다른 안경을 끼는 것과 같다. 일례로 숲 속을 걸을 때 새를 찾으면서 걷는 시야와 곤충을 찾는 시야는 전혀 다르다. 새를 찾을 때는 전방 10미터 위를 보면서 걷고, 곤충을 찾을 때는 전방 2~3미터 아래를 보며 걷는 경우가 많다. 그렇기 때문에 새와 곤충을 한번에 다 찾으면서 걷기는 어렵다.

또 곤충은 채집해서 관찰할 수 있지만 새는 그럴 수 없다. 따라서 관찰 스타일도 곤충은 잡아서 보기, 새는 쌍안경을 사용해 손을 대지 않고 보기가 되며, 이것이 필드를 보는 시각에도 영향을 준다.

그러나 각각의 생물을 찾으면서 걷는 것에 익숙해지면 차차 '이런 장소에는 이런 새가 있을 거야' '이런 환경에는 이런 나비가 있을 거야' 하는 느낌이 오게 될 것이다. 숲 속으로 빛이 들어오는 정도나 가지와 풀의 무성한 정도 등 미묘한 차이를 판별할 수 있게 된다는 것이다. 버섯 찾기 명인이 있는 것도 같은 맥락이다.

그러나 한 사람이 모든 안경을 갖추지는 못한다. 그래서 자신

'곤충 안경'으로 볼 때.

'새 안경'으로 볼 때.

이 서툰 분야를 알아 그 분야를 잘 아는 사람과 함께 걷는 방법을 추천한다. 익숙해져 있던 자신의 필드에 대해 '이렇게 보는 방법도 있구나!' 하며 눈이 번쩍 뜨이는 경험을 맛볼 수 있다.

물을 따라 걷는다

나는 집 근처를 흐르는 길이 10킬로미터 정도의 하천 원류(原流) 쪽의 작은 산을 필드 중 하나로 정했다. 이곳은 구릉지의 지형과 용수지의 지형을 이용해 옛날부터 논농사를 지어 왔다. 수원지에서 나온 물은 용수로를 거쳐 각 논으로 물을 공급하고, 개구리와 미꾸라지, 잠자리 유충, 반딧불이 등 많은 생물들을 기르며 예로부터 마을 숲의 생태계를 유지해 왔다. 그 물은 결국 하나의 하천이 되어 시가지로 흘러가 1급 하천인 다마 강(多摩川)에 합류한다.

나는 여기에 밭을 빌려 텃밭을 가꾼다. 흙을 갈고 용수로의 물을 뿌려 작물을 기르고 있었는데, 어느 순간 이 물이 어디서 와서 어디로 가는지 궁금해져 물을 따라 걸어 보기로 했다.

용수로를 따라 골짜기 초입부터 안쪽으로 들어가자, 곳곳으로 갈라지면서 용수로가 점점 좁아졌다. 결국 골짜기의 막다른 곳까지 가서 둑에 돌출된 파이프로부터 물이 유입되고 있는 것을 확인했다. 그리고 이번에는 원류로부터 아래로 내려가서 하류의 다마 강 합류 지점까지 걸어 보았다. 골짜기의 출구에서부터 3면 호안(護岸)의 하천이 되어 시가지 안을 천천히 구불거리며 흘러 다마가와 강에 합류하고 있었다.

수원지   습지   시가지(상류)

미자와 강 분수령(강의 수위가 높아졌을 때 직접 다마 강으로 물을 흘려 보내는 지하 방수로).

시가지(하류)   다마 강 합류 지점

물을 따라 걷다(수원지에서 다마 강 합류 지점까지)

그때 나는 강의 중류 지역 즈음에서 놀라운 것을 발견했다. 강의 본류로부터 거대한 방수로가 분기되어 있었고, 그 방수로는 지하로 매장되어 있었다. 이 지하 방수로의 정체는 큰 비로 수위가 상승했을 때 범람을 방지하기 위한 것이었다.

내가 사는 다카다이 뉴타운은 구릉지를 깎아 내고 광대한 잡목림을 벌채해 건설한 곳이다. 그 때문에 토지의 보수력(保水力: 물을 담는 능력—옮긴이)이 저하되어 강이 범람할 우려가 생겼다. 이를 해결하기 위해 강의 수위가 높아졌을 때 지하 방수로로 물을 내려보내는 방법을 생각해 낸 것이다.

우리는 이 방수로 덕분에 이곳에 살고 있는 셈이다. 나의 필드에서 물에 대한 관심이 높아졌고, 그래서 어떻게 흐르고 있는지 알고 싶어서 걸었더니, 내가 사는 장소를 위해 얼마나 많은 대가가 치러졌는지 절실히 알게 되었다. 충격을 받긴 했지만 모르는 것보다는 아는 게 다행이라고 생각한다.

4 _____

기록하기

관찰력이 향상된다

"관찰 기록을 하면 어떤 좋은 점이 있나요?"

연수회에서 '기록을 하사'고 제안하면 이런 질문을 자주 받는다.

버드워칭을 시작하면서 처음에는 자세히 기록을 했지만 활용
방법도 모르겠고 어느 시점부터는 귀찮아져서 그만두었다는 사람
이 의외로 많다. 물론 관찰 기록은 귀찮은 일이다. 필기구와 필드
노트(관찰 수첩)를 가지고 걸어야 하고, 관찰 도중에 가방에서 필기
구를 꺼내서 써야 한다. 기록을 남기는 습관을 몸에 익히려면 그것
의 장점 및 의의를 충분하게 이해해야 하고, 그래야 계속해 나갈
수 있다.

관찰 기록을 하는 가장 중요한 의의는, 기록할 생각으로 관찰을 하면 관찰력이 향상된다는 점이다. 관찰 기록을 시작하면 무의식 중에 '어떻게 기록할까?'를 생각하며 관찰하게 된다.

기록을 남기기 위해서는 최소한 '언제' '어디서' '누가(무엇이)' '무엇을 하고 있나(또는 어떤 상태인가)'의 4가지 정보가 필요하다. '언제'에는 날짜와 시간, '어디서'에는 그 장소의 명칭이나 장소에 관한 자잘한 설명을 쓴다. 그리고 '누가(무엇이)'에는 관찰한 생물의 이름을, '무엇을 하고 있나(어떤 상태인가)'에는 예컨대 새라면 무언가를 먹고 있다, 쉬고 있다, 지저귀고 있다, 날고 있다 등 구체적인 행동을 쓴다. 식물이라면 꽃이 피었다, 열매가 열렸다 등 그때의 상태를 글로 묘사하면 된다.

간단한 일처럼 보일지도 모르지만 실제로 시작해 보면 기록하는 일이 초심자에게는 어려운 경우도 많다. 우선 관찰 대상인 생물의 종류를 정하기가 어렵다. 그 장소에서 식별할 수 없는 경우도 많기 때문에 디지털 카메라로 촬영하거나 간단히 스케치한 뒤 집에 돌아와 도감이나 인터넷에서 찾아봐야 하는 경우도 생긴다. 더구나 그 생물이 무엇을 하고 있는지를 기록으로 남기려면 가만히 그 장소에 머물며 그 행동이나 상태를 관찰하지 않으면 알 수 없는 경우가 많다.

예를 들면 동박새라는 새가 정말로 나무 열매를 먹었는지 확인하려면 새가 나뭇가지에 머물렀다는 사실만으로는 충분하지 않다. 실제로 먹는 순간을 목격해야 한다. 그러자면 그 새의 행동을 계속 추적해야 하고 그것만으로 5~10분이 눈 깜짝할 사이에 지나가 버린다. 열매의 종류 등을 특정하기도 의외로 어렵다. 열매가 열린

> 일시 2011년 1월 30일
> 시간 10시 30분 맑음
> 장소 시로야마 다리
>
> ───────────
>
> 메모
> 직박구리
> → 30마리 정도가 광나무 열매
> 를 먹고 있다.
>
> 식나무
> → 나무 열매에 무언가 단단한
> 것이 깨문 흔적이 있다.
> 직박구리가 깨문 것일까?

관찰 기록 사례:
날짜, 시간, 날씨, 장소,
무엇이 어땠는지를 기록한다.

나무의 잎 또는 나무 껍질 등을 촬영해 두고, 나중에 조사해 기록으로 남길 수 있으면 완벽하다.

처음에는 불충분해도 좋으니 그 장소에서 메모를 하는 습관을 들이자. 3개월이 지나면 자연을 보는 눈이 완연하게 달라질 것이다.

기억으로 연결된다

자신의 필드를 반복해서 걷다 보면 '어?' 하는 장면과 맞닥뜨리곤 한다.

'이 곤충은 전에 비슷한 것을 본 적 있어.'

'이 새는 예전에도 이렇게 행동했지. 그게 언제였더라?'

이런 식으로 과거의 관찰 기억과 겹쳐 그것이 언제 어디서 본 기억이었는지, 어떤 상황이었는지를 확인해 보고 싶은 때가 생긴다. 이때 관찰 기록을 해 두면 금방 과거 기록을 찾아 볼 수 있다. 그 결과 오랫동안 의문이었던 것이 해소되거나 새로운 관찰 관점이 생겨나기도 한다. 의문의 답을 알게 되는 것은 관찰에서 가장 행복한 순간이기도 하고, 한편으로는 기록된 정보의 정확도를 높인다는 의미도 갖는다. 이는 나중에 이야기할, 정보를 발신할 때 정보에 책임을 갖는다는 의미에서 중요하게 대두되는 부분이다.

그렇기 때문에 설령 모호한 정보라도 기록으로 남기려고 노력하는 것이 중요하다. 나중에 분명 도움이 된다. 그리고 기록할 때 모호한 부분에는 물음표를 붙여 기록한 것이 사실인지 추측인지를 알 수 있게 해 두면 좋다.

어떤 필드 노트를 쓸까

관찰 기록은 필드 노트에 쓴다. 필드 노트는 남에게 보여 주는 것이 아니라 개인적인 메모이기 때문에 자기 나름대로의 서술 방식을 취해도 괜찮다. 그러나 관찰한 날짜, 시간, 장소, 날씨 기록은 필수다.

다음으로 종명(種名), 수, 생물의 상태, 무엇을 하고 있었는지에 대해서는 가능한 한 글로 표현하자. 관찰할 때 어디에 중점을 두었는지 한눈에 알아볼 수 있게 스케치를 덧붙여도 좋다. 그림을 잘 그릴 필요는 없고, 나중에 다시 볼 때 스스로 알아볼 수만 있으면 된다.

필드 노트의 정석은 '스케치북' 또는 '레벨북(levelbook)' 등의 이름으로 나와 있는 측량용 노트다. 노트 표지는 두꺼운 게 좋고, 한 손에 들고 야외에서도 기록하기 쉬운 크기가 좋다. 그러나 이런 노트는 제본이 되어 있기 때문에 잘 쓰지 못하면 기록이 뒤죽박죽되어 나중에 어디에 무엇을 썼는지 알기 어려울 때도 있다. 솔직히 나는 쓰기 힘들었다.

그런 점에서 하마구치 선생님에게 배운 시스템 수첩은 편리하다. 낱장으로 되어 있어 얼마든지 고쳐 쓸 수 있고 나중에 순서를 바꿀 수도 있다. 날짜별로 페이지를 나눠 두면 혼란을 겪을 일도 없다.

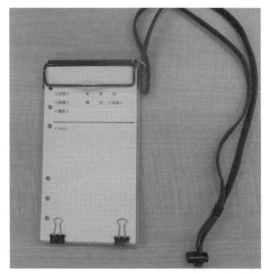

시스템 수첩.
낱장으로 된 종이를
바인더에 끼운 모습.

나는 시스템 수첩을 쓰면서 관찰 기록 습관을 기를 수 있었다.

야외에서는 수첩 본체는 챙기지 않고 필요한 서식을 여러 장 인쇄해서, 이것을 바인더에 끼워 다닌다. 간단한 서식이지만 있을 때와 없을 때 차이가 크다. 얼핏 봐도 갖출 것은 다 갖춘 것처럼 보이고, 날짜나 시간, 장소 등 기본 사항을 쓰는 것도 잊어버릴 염려가 없다.

나아가 기록을 할 때 날짜별로 다른 종이에 쓰는 것에 대해서도 고민이다. 여백이 많이 남을 때는 종이가 아깝지만, 이렇게 함으로써 날짜를 혼동하지 않고 시계열에 따라 용지를 관리할 수 있고, 지도도 겹쳐 접어서 시스템 수첩용 포켓 파일에 넣어 함께 보관할 수 있다. 한편 필드 노트를 사용하는 기록에서 불편한 것은 위치 정보를 기록하기 어렵다는 점이다. 상세한 장소에 대한 내용을 스케치로 남기든지 지도를 붙이는 등의 방법도 있지만, 나중에 기록을 찾을 때 찾기 어려운 결점이 있다. 그래서 조금 다른 방법(지도를 활용한 필드 노트)으로 관찰 기록을 남기는 사람도 있어서 여기에 소개한다(→ 칼럼).

도움이 되는 도구들

클립보드

지도를 보면서 필드를 걸을 때 필수품이라 할 만한 것이 클립보드다. 클립보드가 있으면 걸으면서 지도를 확인하는 작업과 기록이 쉬워진다.

지도를 활용한 필드 노트

위치 정보를 차근차근 남겨 나가고자 하는 사람에게 권한다. 사가미하라 시립박물관의 생물 담당 학예원인 아키야마 씨가 고안해 낸 방법으로, 지도를 필드 노트로 활용하는 것이다.

A4 사이즈의 용지에 자기 필드가 쏙 들어가도록 지형도를 복사해 평소에도 몇 장씩 가지고 다닌다. 그리고 필드에서 무언가를 관찰했을 때 그 지도의 여백에 아래 그림처럼 기록을 남긴다. 집으로 돌아와서는 A4 사이즈 파일에 날짜 순서대로 지도를 정리해 둔다.

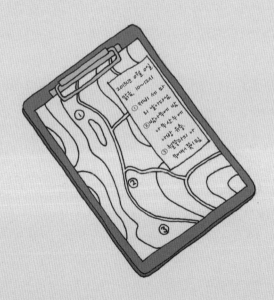

클립보드는 한 장의 보드로 된 것과 두 장으로 된 접이식이 있는데 나는 A4 사이즈의 접이식을 사용한다. 비에 잘 젖지도 않고 지도와 기록 용지를 여러 장 동시에 볼 수 있는 등 이점이 많다.

쌍안경과 곤충경

쌍안경은 크게 나누면 접었을 때 손바닥 안에 들어올 정도 크기인 콤팩트 사이즈, 본격적인 관찰을 해낼 수 있는 일반 사이즈, 그리고 중량감 있는 대형 사이즈가 있다.

나는 두 개의 쌍안경을 구분해서 사용한다. 하나는 한 손에 들어오는 사이즈의 8배율 쌍안경이다. 이 크기의 쌍안경은 산책용 파우치 속에 도감과 함께 넣어 두거나 통근 시 가방에 넣고 다니기 편하다. 다만 렌즈 크기가 작아서 보는 맛은 좀 덜하다. 다른 한 대는 10배율 쌍안경이다. 이것은 조사에 나설 때처럼 제대로 세부적인 것까지 보고 싶을 때 사용한다.

여러 가지를 찾아보다가 '시마미 루페'라는 곤충경을 발견했다. 이 곤충경은 재단시기 천 상태를 볼 때 쓰는 루페다. 접으면 콤팩트하고 펼치면 현미경처럼 사용할 수 있다. 아이들에게 보여 주기 쉽고 사진도 찍기 쉽다. 게다가 눈금이 있어서 크기 판별이 가능하다.

보이스레코더

매년 5~9월에는 새의 지저귐과 개구리와 매미의 합창이, 가을에는 곤충들이 우는 소리가 우리의 귀를 즐겁게 해 준다. 녹음을 위한 기기로 보이스레코더를 추천한다. 최근 기종은 성능이 좋고 사이즈도 손바닥만 해서 멀리서 나는 소리도 녹음할 수 있다. 게다가 전자 파일로 보존할 수 있기 때문에 장소에도 구애받지 않는다. 아직 사용하는 사람은 소수지만 카메라만큼 요란스러운 장비가 필요 없기 때문에 경제적이기도 하다.

디지털 카메라

필드를 걸을 때 디지털 카메라는 필수품이다. 잘 모르는 곤충이나 작은 동물을 발견했을 때 디지털 카메라로 사진을 찍어 두면 집에 가서 도감이나 인터넷으로 조사할 수 있다. 나는 일반적인 가정용 카메라를 사용하고 있지만 망원 기능이나 확대 기능이 있다면 더 좋을 것이다.

파우치

나는 필드에 나갈 때 특별한 경우가 아니면 가방을 가저가지 않는나. 백팩처럼 등에 짊어지는 형태의 가방은 물건을 꺼내려면 한 번 내려놓아야 해서 야외에서 조사할 때에는 별로 어울리지 않는다. 꼭 필요할 때는 물건을 꺼내기 쉬운 토트백을 가지고 가지만 이것도 불편하기는 마찬가지다.

내가 가지고 가는 것은 최소한의 필요한 것만 넣을 수 있는 파우치다. 도감, 지갑, 루페, 디지털 카메라, 휴대전화, 보이스레코더를 넣어서 어깨에 두르는 것을 사용하고 있다.

5 _____
관리하고 발신하기

기록을 관리하자

관찰 기록을 시작하면 기록이 쌓여 간다. 기록이 많아지면 필요할 때 필요한 정보를 찾기가 어려워진다. 이때 컴퓨터 엑셀 등의 표 계산 소프트웨어를 사용해 필드 노트에 기록한 정보를 일람표로 정리해 두면 편리하다.

표 계산 소프트웨어에 입력해 두면 모든 정보를 시계열로 바꿔서 나열할 수도 있고, 생물의 종류별로 나열하는 것도 가능하다. 또 두 개 이상의 키워드를 사용해 재배열할 수도 있다. 이렇게 하면 과거에 어떤 관찰을 해 왔는지를 모아서 볼 수 있고, 어느 장소에서 한 해 동안 어떤 생물들을 관찰할 수 있는지를 정리해 그 장소의 세시기(歲時記)를 만들 수도 있다.

관찰 기록의 3가지 정리 방법

자신이 필드에서 관찰한 것을 개인적으로만 갖고 있을 것인지, 아니면 적극적으로 외부로 발신해서 공공이 정보를 활용할 수 있도록 하는 것까지 고려할 것인지에 따른 차이는 크다.

도코로지스트로서 활동하고자 한다면 정보를 적극적으로 발신할 것을 추천한다. 정보를 다른 사람과 적극적으로 공유함으로써 그 장소 환경의 변화(악화)를 좀 더 빨리 감지해 보전을 위한 행동을 취하는 데에도 큰 역할을 할 수 있기 때문이다.

이때 지금까지 축적해 온 관찰 기록을 어떻게 정리하면 알기 쉬운 정보가 될지에 대한 고민이 필요하다. 필드 생물들의 생태를 표현하는 데에는 세 가지 방법이 있다. 그것은 '생물 리스트' '생물 달력' '생물 지도'다. '생물 리스트'는 그 장소에 '무엇이 있는지', '생물 달력'은 생물들을 '언제 볼 수 있는지', '생물 지도'는 생물이

'어디에 있는지'를 표현하는 방법이다.

생물 리스트

어떤 필드에 어떤 생물이 살고 있는지를 나타낼 때, 가장 단순한 방법은 그 장소에서 확인된 생물들의 이름 리스트를 만드는 것이다. 평소에 모아 온 관찰 기록을 생물의 종명별로 배열해 한 번이라도 확인한 생물 종명은 모두 리스트에 기입한다. 다시 말해 그 장소 생물들의 호적부를 만드는 것이다.

단순한 표현 방법이므로 간단해 보이지만 나름의 깊이가 있다. 많은 종명을 나열해 리스트의 완성도를 높이고자 한다면, 여러 번 그 장소에 가야 하고 몇 년에 걸쳐 보아야 한다. 식물, 동물, 균류 등에 관한 폭넓은 식별 능력도 필요하므로, 혼자서 조사하려 하지 말고 새를 잘 아는 사람, 곤충을 잘 아는 사람, 식물을 잘 아는 사

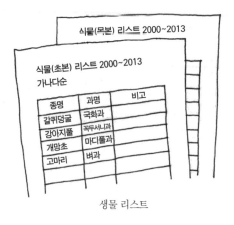

생물 리스트

람 등에게 자신의 필드를 살펴 달라고 해서 정보를 수집하는 식의 노력도 필요하다.

필드 근처에 자연관찰센터 등의 시설이 있다면 꼭 방문해 보자. 그런 곳에서는 대부분 생물 리스트를 작성해 둔다. 자신의 필드와 지리적으로 가까운 장소에 있는 시설이라면 비교해 봤을 때 공통점도 많고 참고도 된다.

생물 달력

생물 리스트는 종명을 나열한 것일 뿐인 가장 단순한 표현법이다. 여기에 시간축의 움직임을 더해 '언제 볼 수 있는지'를 나타내면 생물 달력이 된다. 이것은 한 해 동안 나무나 새 등의 생물들을 언제 볼 수 있는지를 표현하는 방법이다. '새 달력' '우는 곤충 달력' '꽃 달력' '열매 달력' 등이 대표적이다.

생물 달력

이러한 생물들의 달력을 만들면 계절별로 '언제 어떤 꽃이 피었는지' '철새들은 언제 도래하는지' '언제 어떤 나무의 열매가 열리는지' 등 다양한 것들을 알 수 있다. 예를 들면 나무 열매는 새들의 먹이가 되는데, 열매 달력을 통해 그 장소의 새 먹이 사정을 한눈에 볼 수 있다. 계절별로 새가 어떤 열매를 먹는지 달력을 보면서 추측이 가능하다.

생물 지도

어디에 어떤 생물이 있는지, 그 장소를 표현한 것이 생물 지도다.

생물 지도는 언뜻 보면 도감 등에서 자주 보는 분포도와 닮았다. 그러나 지도 축척에서 분포도와 다르다. 분포도는 전국이나 도 단위의 규모를 광역 지도로 표현한 경우가 많다. 생물 지도에서 사

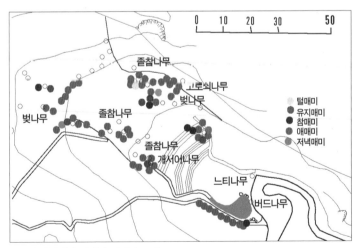

관찰회 참가자가 발견한 매미허물 지도.

용하는 지도는 1/5,000 이나 1/2,000 축척 지도다. 그야말로 한 채 한 채의 민가와 좁은 길까지 세세히 대조해 찾아볼 수 있는 지도를 사용해, 거기에 생물들을 실제로 보았던 장소를 정확하게 기록한 지도다.

생물 지도의 매력은 생물 리스트나 생물 달력에 비해 단기간에 형태로 표현할 수 있다는 것이다.

생물 리스트나 생물 달력은 최소한 3년은 정보를 모아야 그럴듯한 모습을 갖출 수 있지만, 생물 지도는 수혜다료이 면저이리면 반나절에서 하루만에 만들 수 있다. 성과를 빠르게 정리하고자 한다면 생물 지도가 적합할 것이다.

블로그로 시작하는 정보 발신

생물 리스트, 생물 달력, 생물 지도로 필드에 사는 생물의 생활상을 알기 쉬운 형태로 정리하면, 이제는 그것을 많은 사람들에게 보이고 싶어지게 마련이다. 또 매일매일의 관찰 기록과 필드를 걸으면서 생각하고 느낀 것을 사람들에게 들려주고 그에 대한 감상과 의견을 듣고 싶은 마음도 생긴다.

요즘에는 간단하게 시작할 수 있는 미디어가 여러 가지 있다. 대표적인 것이 블로그, 트위터, 페이스북인데, 블로그를 추천하고 싶다. 블로그는 쌓인 기록을 항목별로 정리할 수 있고, 지난 기사를 검색하기 쉬워서 기록으로 남기기에 적합하기 때문이다.

인터넷으로 검색하면 이미 산책에 관련된 블로그는 다수 만들

생물의 세시기를 만들자

세시기란 계절 동안 일어난 일과 연중행사를 정리한 것을 가리킨다. 마음에 둔 장소의 관찰 기록이 모이면 생물들의 '세시기'를 만들어 보자.

나는 딸과 산책할 때 꼭 작은 연못에 들른다. 이곳은 산비탈에 내린 빗방울이 모이는 협곡으로, 고무 시트를 깔아 인공적으로 만든 연못이다. 넓이는 다다미 열 장 정도, 깊이는 10센티미터 정도인 큰 물웅덩이 같은 연못이지만, 자리를 잘 잡아서인지 1년 내내 마르는 경우가 없다.

매주 1회 이 연못에 와서 연못의 주변을 한 바퀴 둘러보고 물속을 들여다보면서 15~30분 정도 연못 주변을 관찰한다. 그러자 계절에 따른 차이는 물론 그때그때의 생물의 종류와 물빛의 미묘한 차이를 발견할 수 있었다. 그런 관찰을 정리해 '내가 좋아하는 장소의 세시기'를 만들면 기념이 되기도 하고 다른 사람들에게 이 장소의 매력을 전달할 수 있는 좋은 자료가 된다.

어져 있다. 그것들을 보면 산책 코스를 소개하고 그 장소의 풍경이나 도중에 볼 수 있는 꽃이나 새, 비석 등을 사진으로 찍어 소개하는 것이 많다.

블로그는 컴퓨터나 휴대전화가 있으면 그 외의 기자재나 비용이 들지 않는다. 절차나 설정도 비교적 간단하다. 게다가 개인 전용 미디어이므로 내용도 자유롭고 자기 페이스로 기사를 갱신할 수 있다.

또 기사를 글과 컬러 사진으로 표현할 수 있고, 블로그 방문자 수를 보고해 주는 기능이 있는 것도 매력적이다.

블로그에는 어떤 내용을 써도 좋지만, 전용 전자 필드 노트로 활용해 그것을 인터넷상에 공개하는 것을 추천한다.

인터넷에서 '자연 정보'를 검색하면 일본 각지에서 자연 정보를 발신하고 있는 방대한 수의 사이트가 뜬다. 대부분은 각 지역의 자연관찰센터나 민간비영리단체(NPO)의 발신이고, 개인 발신도 느는 추세다. 블로그는 설령 개인이라도 전문 시설이나 단체와 동등하게 자연 정보를 발신할 수 있는 매체인 것이다.

블로그에 기사를 써 보자

블로그 기사는 관찰한 내용을 글과 사진으로 일기처럼 쓰면 된다. 단, 웹상의 필드 노트로 활용하기 위해서는 나중에 필요한 정보를 꺼내기 쉽게 해 두어야 한다.

우선 하나의 기사는 하나의 테마로 쓴다. 그리고 반드시 날짜와

그림 블로그를 사용하면 정보의 기록, 축적, 발신을 동시에 할 수 있다. 물푸레생태
교육센터의 홈페이지(http://mulpuredu.tistory.com).

장소, 관찰 대상, 관찰 당시의 상태 등 기입할 항목을 미리 결정해
두고 그 항목에 따라 기록한다. 정보를 검색할 경우를 위해 관찰한
생물의 종명을 제목에 포함시켜 두면 편리하다.

키워드로 분류를 할 수도 있으니 이 기능을 잘 사용해 보자. 여러 개의 필드를 가진 사람은 필드의 이름을 분류 항목으로 넣어 두면 하나의 블로그에서 여러 개의 필드 정보를 관리할 수 있다. 또한 새, 식물, 곤충, 물고기, 역사 등 주제에 따라 분류하는 것도 알기 쉬워서 좋다.

이렇게 하고서, 예를 들어 주 2회 기사를 갱신하면 연간 약 100건의 기사를 쓸 수 있다. 장소의 관찰 기록으로 100건의 기사가 쌓였다면 상당히 내실이 탄탄한 자료가 완성된 셈이다.

기사를 쓸 때 신경 써야 할 점이 있다. 그것은 희귀한 생물들을 어떻게 다룰지에 대해서다. 블로그는 어떤 사람이 보고 있는지 알 수 없는 미디어다. 그러므로 새나 식물들의 희귀종에 관한 정보를 무방비하게 공개해 두었다가는 하룻밤 뒤 수많은 인파가 몰려 새의 서식처를 위협하거나 생물이 밀렵당하는 일이 생길 수 있다. 한번 공개해 버리면 정보는 입소문을 타고 걷잡을 수 없이 전파된다. 공개해도 좋을지 확신이 서지 않으면 공개를 하지 말거나 독자를 한정하는 형태로 공개하는 것이 좋다.

이어져라! 도코로지스트의 고리

내 주변에도 '자연관찰은 하지만 관찰 기록을 쓰는 건 귀찮다'는 사람이 많다. 실은 나도 그랬다. 매년 연초에 '그래, 이번에야말로!'라고 결심하지만, 어느새 노트 자체를 잃어버리거나 하는 일의 반복이었다. 그러나 블로그를 개설해 정기적으로 기사를 갱신하면서부터는 필드 노트에 기록을 하는 습관이 몸에 배어 기록 사진도 남기게 되었다. 그러한 경험으로부터 기록을 정리하거나 발신하지 않으면 계속 쓸 의욕을 잃어버린다는 사실을 깨달았다.

블로그 기사를 계속 쓰다 보면 그것만으로도 충실감이 생긴다. 지금도 많은 사람들이 블로그를 통해 자연 정보를 발신하고 있다. 그러나 좀 더 많은 도코로지스트들이 자신의 블로그를 개설해 각지의 필드 정보를 발신하게 된다면 일본 전역 모든 장소의 자연 정보를 인터넷으로 검색할 수 있게 될 것이다. 정보의 인프라가 정비되면 어떤 사람이 자신이 살고 있는 마을의 자연과 역사에 흥미를 가졌을 때 인터넷을 통해 간단히 정보를 입수할 수 있게 되고, 더 깊은 흥미를 가진 사람은 직접 메일로 문의하는 경우도 생길 것이다.

그러한 사람과 사람 사이를 연결해 정보의 순환을 만들어 갈 수 있다면, 도코로지스트의 고리가 더 멀리 퍼져 나가지 않을까. 한 사람 한 사람의 도코로지스트가 블로그라는 미디어를 가짐으로써 개인의 취미라는 틀을 깨고 나와 자연을 지키는 활동으로까지 이어질 가능성이 기질 것이리고 생각한다.

6 ──────────
멋진 도코로지스트 되기

지켜 나가려는 마음

자신의 필드를 정해서 걷기를 시작하면, 매번 새로운 생물과의 만남이 생기고 지금까지 몰랐던 발견을 반복하며 즐거움을 느끼게 된다. 마치 껍질을 한 겹씩 벗기는 것 같이 조금씩 그 장소를 알게 되고 그때마다 애착도 커진다. 필드에 대한 애착이 깊어지면서 '이 생물(장소)을 보전하고 싶다'는 마음이 싹트게 된다.

예를 들어 지역에서 개체수가 줄어든 식물이나 곤충을 발견하면 그 생물들의 서식지를 지키고 싶다는 마음이 생길 것이고, 외래종의 침투를 발견했다면 그것을 몰아내고 고유종을 지키고 싶어질 것이다. 그런 생각이 싹트게 되었다면, 이제 필드를 통해 사람들이나 사회와 어떻게 관계를 맺어 가야 하는지를 생각하게 볼 시기다.

하마구치 선생님은 필드에서 즐거운 추억을 얻었다면 그 보답으로 어떻게 하면 그 생물들과 그들의 서식지를 보전할 수 있을지를 생각해 주면 좋겠다고 말했다. 자신의 호기심을 채우는 것만으로 만족한다면 그것은 균형 있는 관계라고 할 수 없다. 그 장소를 사랑하는 도코로지스트로서 어떻게 하면 자신의 필드를 보전할 수 있을까를 항상 마음에 담아 두어야 한다.

멋진 도코로지스트가 되기 위한 5가지 조항

혼자서는 자기 필드를 보전하기 위해 할 수 있는 일이 아무것도 없다. 많은 사람의 이해와 협력이 필수적이다. 특히 그곳이 공공장소라면 얼굴을 알고 지내는 인간관계를 만들어 두는 것이 열쇠가 된다.

지역 수민이나 토시 소유주와의 소통도 중요하고 관련 행정 부서와 좋은 관계를 만들어 두는 것도 좋겠다. 그렇게 되면 주변 개발 계획 등을 좀 더 빠르게 알게 될 수도 있다. 경우에 따라서는 필드를 방문한 사람에게 그 장소의 가치와 매력을 전달해 그 장소를 사랑하는 팬층으로 만들어 가도 좋다.

이처럼 사람과 사회를 움직여서 이해자와 협력자를 모으려면, 우선 당신 자신이 매력 넘치는 도코로지스트가 되는 것이 중요하다. '이 사람 말이라면 한번 들어보자'라는 생각이 들 만한 존재가 되어야 한다.

그것은 필드에 대해 누구보다 잘 알고 있을 뿐 아니라 독선적이지 않고 배타적이지 않도록 항상 자기 속에서 균형을 맞추는 일이다. 그리고 다양한 주체와 서로 협력해 일을 추진해 가지려는 자세이기도 할 것이다. 이런 사람을 나는 '멋진 도코로지스트'라고 부르고 싶다.

그래서 여기에 소개하려는 것이 '멋진 도코로지스트가 되기 위한 5가지 조항'이다. 이것은 내가 지금까지 만나 본, 지역 안에서 협조적인 리더로 활약하고 있는 멋진 도코로지스트들이 가진 공통 항목을 정리한 것이다.

= 제1조 자신의 필드를 잘 알아야 한다

말할 것도 없이 기본 중의 기본이다. 자기 필드의 새, 식물, 곤충뿐 아니라 역사, 문화 등에 대해서도 잘 알고 있는 사람. 무엇을 물어도 제대로 대답해 줄 수 있어야 한다.

= 제2조 자신의 필드에 성실하다

자신의 필드에서 만난 생물들에 대한 애정이 넘친다. 그리고 말을 하지 못하는 생물들의 대변자로서 생물들의 보전을 생각하며 행동한다.

= 제3조 행정이나 시민과 대화할 수 있다

그 장소의 일인자가 되면 행정에 대해서도 고압적이 되거나 다른 시민들에게 배타적·독선적이 되기도 한다. 자신의 생각만이 옳다고 주장하지 않고 상대의 입장을 이해하며 유연하게 시간을 들여 일을 추진하는 자세를 가진다.

= 제4조 많은 협력자에 둘러싸여 있다

모든 일을 자기 힘으로 하려고 하면 활동이 지속성을 갖기 어렵다. 혼자만의 활동은 지역으로 확대되지 못하고, 자신이 계속할 수 없게 되면 그 활동은 끝나 버리고 만다. 혼자서 하려 하지 말고 많은 사람과 협력해 활동한다.

= 제5조 다른 장소에 가서는 그 장소의 도코로지스트를 존중한다

만약 다른 장소에 가게 되면, 그곳에도 그 장소에 애착을 가진 도코로지스트가 있을 거라 생각하자. 그 사람들 역시 당신이 평상시에 느끼는 것과 다르지 않은 고민을 안고 활동하고 있다. 다른 장소에서는 그곳 도코로지스트의 의견을 존중하는 것이 예의다.

제3부

3인의 도코로지스트 이야기

0 _____ 도코로지스트의 세 가지 유형

도코로지스트를 실천하는 다양한 사람들과 만나다 보면 활동의 중점을 어디에 두느냐에 따라 몇 가지 유형이 있음을 알 수 있다.

하나는 취미 활동적인 측면이다. 버드워칭이나 식물 관찰, 사적 견학 등을 하며 자신이 흥미를 가진 필드를 걷고 지적 호기심을 만족시키려는 것이다. 스포츠, 영화 관람, 독서 등과 같이 여가 활동으로 여기면 되겠다.

두 번째는 교육 활동적인 측면이다. 특히 아이들에게는 자연에서 다양한 자극을 얻어 오감 발달을 촉진시키고 감성을 기르는 교육적인 의미가 있다. 또 어른에게는 지역과 관계 맺는 방법을 고민하게 하는 생애 학습으로의 측면도 있다.

세 번째는 시민 활동으로서의 측면이다. 자연과 환경, 사회 등에 대한 다양한 인식을 사회를 향해 발신하고 공감의 고리를 만들고 사회를 변화시켜 가려는 행동이다.

각각의 측면을 생각하며 도코로지스트로서 활약하고 있는 3인을 소개하려고 한다.

1 _____
취미로 즐긴다

먼저 소개할 사람은 가나가와 현 야마토 시에서 활동하고 있는 고바야시 쓰토무(小林力) 씨다. 고바야시 씨는 2010년부터 시내의 '후카미(深見) 역사의 숲'이라는 필드에서 활동하고 있다.

그는 '취미로 즐길 것'을 활동 원칙으로 삼고 있는데, 활동을 하는 마음에 부담이 생기면 '즐거움'보다 '의무심'이나 '남이 시켜서 하는 일 같은 느낌'이 커져서 활동의 지속성을 저해하기 때문이라고 말한다. 고바야시 씨는 평소에도 그런 생각을 같은 필드에서 활동하는 맴버들에게 이야기해 왔다.

후카미 역사의 숲에서의 활동

야마토 시에서는 도시화에 따라 감소해 가는 녹지를 보전하기 위해 녹지의 소유권자와 임대차 계약을 해 녹지를 보전하고 유지하는 사업을 실행해 왔다. 그러나 어렵게 유지되던 녹지도 토지 소유주의 고령화에 따라 관리의 손이 닿지 않자 접근하기 어려운 삼림이 많아졌다. 그러자 주민들에게 민원이 들어오게 되어 그에 대한 조치를 취해야 했다.

야마토 시에서는 시내에 흩어져 있는 녹지를 다니면서 생물들을 조사하거나 주변 주민에게 삼림의 가치와 즐거움을 전하는 인재를 육성하는 사업을 시작했다. 그것이 '도코로지스트 양성 강좌'다 (→ 칼럼).

이 사업은 시민을 대상으로 공모해서 나흘간의 강습으로 도코로지스트에 대한 사고방식과 노하우를 전달한다. 강좌를 수료한 사람은 실제로 시가 관리하는 몇 개의 녹지에서 그룹을 만들어 생물 조사나 주변 주민을 대상으로 관찰회를 실시한다.

고바야시 씨는 2009년에 실시된 도코로지스트 양성 강좌 1기생으로서 '후카미 역사의 숲'이라는 넓이 10헥타르의 숲을 다니기 시작했고, 이때부터 '후카미 역사의 숲 도코로지스트' 모임이 생겼다. 처음에는 6명이었던 구성원이 지금은 16명으로 늘어 새, 식물, 곤충, 숲의 관리 등에 능숙한 구성원들이 육성되고 있다.

매월 2회 맴버가 모이는 공동 활동일이 있다. 이 날은 모두 함께 숲을 걷고 서로 잘하는 분야를 가르쳐 주거나 교류를 즐긴다.

후카미 역사의 숲
도코로지스트
고바야시 쓰토무 씨.

그 외에는 개인적으로 숲을 다니고 각자의 흥미에 맞는 활동을 주
1회 정도 실시한다.

후카미 역사의 숲에서의 활동이 시작된 지 올해로 5년째다. 지
금까지는 숲에 사는 생물들을 조사하거나 불법 투기된 쓰레기를
회수하고 길가 제초 활동을 해 왔다.

'취미'로서의 활동이 원칙

활동에서 가장 중요한 것은 어디까지나 '취미'임을 잊지 말아야
하는 것이고 '즐겁게 하고 있는지'가 판단의 기준이라고 고바야시
씨는 말한다.

"물론 사회 공헌과 자연을 지키고자 하는 공적인 마음가짐도
없지 않지만 그에 따르는 부담감은 없습니다. 그것이 오래할 수 있
는 비결이기도 하고 동료들을 결속하는 방법이기도 합니다."

가나가와 현 야마토 시의 시도

가나가와 현 야마토 시에서는 2009년부터 '도코로지스트 양성 강좌'라고 하는 연수회를 실시하고 있다. '야마토 시의 녹지를 지키고 싶다'고 하는 시민을 대상으로 공모해 나흘 동안 도코로지스트를 육성하는 강좌다. 수료 후에는 집 근처 녹지를 필드로 삼아 걸으면서 계절의 자연을 기록하도록 하고 있다.

이 강좌는 2014년 현재 6년째를 맞이했고 수료생은 50명을 넘었다. 하마구치 선생님에게 직접 조언을 받으면서 일본야조회가 담당해 온 사업으로서, 사업 주체는 야마토 시 녹지공원과다. 행정기관에서 '도코로지스트'라는 이름을 내걸고 행한 강좌로는 처음일 것이다.

강습회에서는 자신의 필드를 정해 지속적으로 걷는 것의 의의와 즐거움을 배우고, 지도를 보는 방법을 연습하고, '생물 지도'를 만드는 실기를 체험한다. 수료하면 시내의 녹지를 자신의 필드로 삼아 걸을 때 시에서 지원을 받을 수 있다.

수료생 중에는 처음에는 '무엇을 관찰하면 좋을지'를 결정하지 못하는 사람도 있다. 그러나 몇 번씩 같은 길을 걷다 보면 조금씩 눈이 적응을 해서 지금까지 깨닫지 못했던 그 토지의 얼굴이 보이기 시작하는 듯하다. 이런 과정을 되풀이해 장소에 대한 이해가 깊어지는 과정을 소중히 했으면 좋겠다고 말하고 있다. 또 대부분의 녹지에서는 과거의 수료생들이 그룹을 이루고 있기 때문에 선배의 조언을 받으며 활동할 수 있다.

이 강좌를 도입한 뒤 야마토 시의 녹지에서는 몇 가지 변화를 볼 수 있었다. 지금까지 시에서 관리하던 녹지 안에는 쓰레기 불법 투기가 문제시되던 장소가 있었다. 그런데 도코로지스트들이 걷게 되면서부터 숲에 사람들의 눈길이 닿는 빈도가 높아지고 쓰레기가 사라졌다. 또 근처의 어린이집과 도코로지스트가 연대해 자연 체험의 장소로 숲을 활용하는 등, 녹지의 부가가치가 높아지는 효과도 나타났다.

필드에 애착을 갖는 도코로지스트를 양성해 녹지에 부가가치를 부여함으로써 보다 잘 보전될 수 있게 한다. 도코로지스트의 사고방식을 시외 녹지 보전 정책에 적용한 좋은 사례라고 할 수 있다.

후카미 역사의 숲 도코로지스트가 활동하는 모습.

그러면 즐겁다는 건 어떤 것일까?

"새, 식물, 곤충 가리지 않고 모르는 것을 하나하나 스스로 조사해 지식을 쌓아 가는 것이 즐거움입니다. 그 즐거움이 취미로 모두에게 공유되고 있다고 생각합니다." 그리고 동료들과의 소통이나 토지 소유주인 고령자와의 소통이 '누군가에게 도움을 줄 수 있다'는 느낌을 준다.

"취미를 통해서 자신의 능력을 향상시키고 그럼으로써 사회에 공헌할 수 있다면 이렇게 멋진 일이 없지 않겠습니까? 공감해 주고 즐거움을 나눌 수 있는 동료가 있는 것이 가장 중요합니다."

하나의 장소를 본다는 것

고바야시 씨는 왜 도코로지스트가 되고 싶었을까?

"나는 새가 좋아서 예전에는 새만 쫓아다녔어요. 신기한 새를 보고 싶어서 닛코, 헤구라지마, 도카쿠시 고원, 기리가미네 등 여러 곳을 다녔습니다. 그런데 정작 내 발밑을 거의 보지 않았다는 생각이 들었어요."

가까이 있는 후카미 역사의 숲은 오래전부터 알고 있었고 몇 번 간 적도 있었다.

"예전에는 '여름에는 거의 새가 없고, 겨울이 되면 조금 보인다'는 정도의 인상뿐이었습니다. 그러나 이렇게 일 년을 계속 다녀 보니까 노랑딱새가 4월 말부터 약 반 개월 정도 있고, 붉은배지빠귀도 날아옵니다. 이어서 뻐꾸기가 5월 중순에 날아옵니다. 그런 세세한 것을 전부 알게 되었습니다."

고바야시 씨가 하나의 필드를 지켜보는 것을 재밌어하게 된 것은 새 이외의 다른 모든 것도 남김없이 보려고 생각했을 때부터라고 한다. 그렇게 하니까 필연적으로 필드를 한정시키지 않을 수 없었다.

"물론 새를 중심으로 보아도 괜찮지만 모든 것에 관심을 가지는 것이 중요하다고 생각합니다. 새는 자연의 일부죠. 새에서 출발해 나무, 풀, 대나무, 양치식물, 이끼, 토양 생물로 관심이 생겨 갔습니다. 흥미가 있는 것에서부터 입문해도 좋습니다. 무리하지 말고 자신이 하고 싶은 것을 하다 보면 점점 흥미의 폭이 넓어집니다."

우리들의 숲에서 모두의 숲으로

"앞으로 어린이집 아이들과 숲을 걷는 것을 계획하고 있는데요, 동료들과의 공감이 아이들과의 공감으로 발전해 갔으면 좋겠습니다. 아이들을 숲으로 데리고 가는 것에 대해서는 '사명감' 같은 것이 있습니다. 필드를 통해 점점 사람들과의 관계가 넓어지고, 보람이 생길 것이라고 기대합니다. 그러나 그것이 너무 커지면 나도 모르는 사이에 그에 상응하는 반응을 원하게 될지도 모릅니다."

사명감을 가지면서 취미의 영역을 넘지 않을 것. "그렇기 때문에 즐겁습니다"라고 그는 말한다.

숲을 지키려면 주민의 협력도 필요하다. '숲이 어두워서 무섭다' '모기가 생겨서 곤란하다' '전파 방해가 일어난다' 같은 민원이 행정에 빈번하게 들어가는 상황에서는 도시의 남은 삼림을 지켜 나가기가 어렵기 때문이다. 그렇기 때문에 숲을 독점할 것이 아니라 많은 사람들이 이용할 수 있도록 해야 한다. 다른 한편으로는 많은 사람들이 이용하게 되면 숲이 훼손되는 것도 무시할 수 없을 것이다.

"평소에 우리는 쓰레기를 주우면서 숲을 깨끗하게 하기 위해 노력합니다. 솔직히 말해 이렇게 우리가 깨끗이 청소하고 있으니까 남들이 더럽히지 않았으면 좋겠습니다."

이런 마음이 너무 강해지면 '사람들이 오지 않았으면 좋겠다'는 배타적인 생각이 들게 된다.

"숲을 독점하려는 마음을 잘 조절하면서 활동해야 한다고 생각합니다."

2 —————————— 아이들을 키운다

건물 없는 유치원 전나무원을 운영하는 오가미 요코(尾上揚子) 씨는
친구의 육아를 지켜보며 유아 교육에 관심을 가지게 되었다. 회
사를 그만두고 보육사 자격을 따서 유치원에서 근무하면서는 보
육 방법에 위회감을 느껴 문제의식을 키웠다. 그리고 마침내 같은
생각을 가진 엄마들과 공동으로 운영하는 유치원 '전나무원'을 세
웠다(→ 칼럼).

전나무원에는 건물이 없고, 아이들은 아침에 약속 장소에 모여
활동을 시작한다. 장소는 주로 요코하마 시 중심부와 가까운 마이
오카(舞岡) 공원의 숲과, 도심에서 떨어진 지형이 험난하고 녹지 면
적도 넓은 요코하마 자연관찰의 숲이다.

전나무원의 활동은 매우 단순하다. 정해진 녹지의 정해진 길을

왕복해서 걷는 것이다. 아이들은 자연과의 만남, 친구들과의 만남을 통해 성장한다. 전나무원의 활동은 유아를 대상으로 한 도코로지스트 활동 그 자체다.

중요하게 생각하는 것

"아이들은 생물로서의 성장 과정에 있습니다. 이 시기의 아이들은 존재가 자연 그 자체입니다."

첫마디부터 오가미 씨는 오랜 실천에서 얻은 신념을 이야기했다.

"생물로서의 아이들은 인공적인 공간 속에서만 자랄 수 없습니다. 전나무원에서는 '온전히' 자연 속에서 보육을 실시하고 우선 생물로서의 인간을 완전하게 키워 내는 것을 중요하게 생각합니다."

그러나 그뿐이라면 아이들의 자연 체험을 진행하는 다른 많은 단체와 다를 바가 없을 것이다. 전나무원이 다른 단체와 다른 것은 아이들에게 '자연을 교재로 만들어 제공한다'는 생각을 거부한다는 것이다. '온전히' 자연 속에서 아이들과 함께 걷고, 그 속에서 일어나는 다양한 일들을 지켜본다.

"처음에는 자연과 친해지기 위해 게임이나 공작 시간을 도입하기도 했습니다. 그러나 형태에 얽매인 게임으로는 아이들이 어른들의 손바닥 위를 벗어나 활동할 수 없습니다. 스스로 발견하는 것이 아니라 주어진 과제에 따라 아이들이 움직이게 됩니다."

이런 반성으로 전나무원의 활동은 '자연 속을 걷는다'고 하는 매우 단순한 형태로 정착되었다고 한다.

NPO법인 어린이 광장
전나무원 대표
오가미 요코 씨.

같은 코스를 걷는다

같은 장소, 같은 길을 걷는 이유를 오가미 씨는 이렇게 이야기
한다.

"유아의 시야는 극단적으로 좁습니다. 약 2미터 앞밖에 볼 수
없습니다. 그래도 반복해서 같은 길을 걷다 보면 아이들 스스로 머
릿속에 길을 그릴 수 있게 됩니다."

2~4세의 아이들이 걷는 마이오카 공원 부지에는 기복이 있는
잡목림, 논, 밭 등이 있다. 2미터 앞밖에 볼 수 없는 아이들은 이 넓
은 공원을 어떻게 인식하고 있을까?

"아이들은 숲을 몇 개의 장소로 이해하는 것 같습니다. 자신이
놀았던 장소를 몇 군데 기억하고, 길로 그 지점을 연결하는 것입니
다. 아이들은 모든 길을 세세하고 선명하게 기억하지 않습니다. 어
떤 길이 어디로 연결되는지, 공원 내 지형은 어땠는지 모호하게 인
식할 뿐입니다. 그들이 하나의 장소를 몸으로 인식하려면 몇 년이

숲 유치원

NPO법인 어린이 광장 전나무원의 활동은 '숲 유치원'이라고 하는 발상을 기초로 하고 있다.

숲 유치원이란 1950년대 덴마크의 한 학부모가 숲 속에서 보육을 한 일에서 출발한 것으로 여겨지는 보육 활동이다. 1990년대 이후 독일로 확산되었고 일본에서도 2008년에 '숲 유치원 전국 네트워크'가 설립되는 등 확산되고 있다.

숲 유치원 전국 네트워크에서는 숲 유치원에 엄밀한 정의와 기준은 없으며 다양한 스타일이 있다고 본다. 예를 들면 필드로는 숲뿐만 아니라 바다와 강, 야산, 밭, 도시공원 등도 포함하며, '유치원'은 어디까지나 총칭이고 말하자면 유치원뿐 아니라 어린이집, 방과후교실 각종 육아모임 등도 포함한다. 일본에는 건물이 있는 곳도 있고 없는 곳도 있다.

그러나 공통적인 것은 0세부터 7세까지의 유아기 아이들을 자연 속으로 데리고 나가 자연 체험 활동을 기초로 한 보육을 실시하는 것이다. 보육 과정에서 어른들의 생각을 강요하지 않고 아이들의 감각과 감성을 이끌어내는 관계를 중요하게 여기는 곳이 많다.

오카미 씨가 운영하는 '전나무원'의 구체적인 정보는 다음과 같다.

- 활동 장소: 가나가와 현 요코하마 시내의 지역 숲, 마을 산과 공공 시설.
- 대상자: 작은새 그룹(2~4세, 10명 전후), 제비꽃 그룹(5~6세, 10명 전후).

• 활동: 정해진 장소에 집합해 숲 속을 걷는다. 비가 오는 날도, 바람이 부는 날도, 추운 날도 숲 속을 걷는다. 작은새 그룹과 제비꽃 그룹의 공동 보육이 기본이고, 서로 다른 숲으로 가는 날도 있다. 그외 자세한 활동 내용은 홈페이지에 실려 있다.

http://momimokien.org/home.html

아이들끼리 걷는다.

나무와 친해진 전나무원 아이들.

고 같은 길을 걸어도 시간이 부족하다는 것을 알게 되었습니다."

그 증거로 항상 다니는 길에서 조금만 떨어져 가도 금세 아이들은 혼란에 빠진다고 한다. 길이 두 갈래로 갈라지는 곳에서 아이들만 걷게 한 일이 있었다. 바로 앞에서 길이 만나지만 그들에게는 대모험이었다. 자신들끼리만 걷는다는 사실에 마음이 들떴다고 한다. 특히 앞장서서 걸을 때가 가장 두근두근한다. 익숙했던 길도 남의 뒤에서 걸을 때와 앞장서서 걸을 때 보이는 풍경이 다르다.

나무를 안식처로 삼는 아이들

오가미 씨의 관심은 아이들이 어떻게 자신의 장소를 인식하게 되느냐에 있다.

"예를 들어 아이들의 장소 인식에는 나무의 존재가 크게 작용한다는 것을 알 수 있었습니다. 우리 유치원은 건물이 따로 없습니다. 다른 유치원에 다니는 아이들처럼 '교실에 들어가면 몸을 안전하게 지킬 수 있다'는 인식을 갖고 있지 않습니다. 그 대신 아이들이 인식처로 여기는 곳에 나무가 비닐께 생각합니다."

집합 장소에서 '오늘은 벚나무까지 가 보자'고 말하면 아이들은 마음속으로 어디를 지나서 어떻게 가야 하는지에 대해 금세 공통인식을 만들어 낸다.

또 전나무원 아이들은 조금 걷다가는 곧 나무에 매달린다. 나무에게 말을 걸거나 이름을 붙여 주거나 해서 '칩 아저씨 나무가 있는 곳까지 가자' 같은 암호가 생겨나기도 한다. 아이들은 나무를 안식처로 여기며 숲을 걷는 것일지도 모른다고 오가미 씨는 생각한다.

신의 나무

나무에 얽힌 다음과 같은 에피소드가 있다.

"올해로 17년째가 되는 전나무원의 역사 가운데, 아이들에게 대대로 이어져 내려온 나무가 있습니다. 마이오카 공원의 고목인데요, 아이들은 '신의 나무'라고 부릅니다. 평소에는 이 나무를 아래에서 올려다보지만, 가끔 나무의 뒤쪽으로 돌아가서 평소와는 다른 각도로 보는 아이도 있습니다."

그런 행동을 통해서 가지가 어떻게 뻗었는지와 이파리의 무성함이 다르게 보이고, 햇볕이 닿는 부분과 그늘지는 부분에서는 나무 껍질의 모양도 달라진다. 항상 익숙했던 나무가 전혀 다른 표정을 가지고 있다는 데 아이들은 호기심을 느끼는 것 같았다. 이렇게 나무를 입체적으로 파악할 수 있게 된다.

"이 나무는 언제 와도 반드시 여기에 있고 날에 따라 다른 모습을 보여 줍니다. 아이들은 그런 차이를 포함해 나무를 전체적으로 받아들이는 것 같습니다. 마음을 기댈 수 있는 곳인 게 아닐까요."

한번은 초등학생이 된 졸업생이 집에 걱정스러운 일이 생겼을 때 '신의 나무가 있는 곳에 가고 싶다'고 말했다고 한다. 그 아이는 유아기에 5년 가까이 그 나무와 함께하면서 애착이 강해졌던 것이다. 그래서 고민이 있을 때 '신의 나무를 만나고 싶다'고 생각한 게 아닐까.

전나무원을 떠난 아이들

전나무원의 활동이 시작된 지도 17년이 지났다. 유치원을 졸업한 아이들에게 전나무원에서의 활동은 어떤 의미가 있을까?

"우선 전나무원 아이들은 오감을 사용해 자신의 감각으로 사물을 파악하는 훈련이 많이 되어 있다고 생각합니다. 그것은 인간의 가장 기본적인 학습 활동입니다. 그렇기 때문에 사물을 이해하기 위한 기초력이 확실하게 몸에 배었다고 할 수 있습니다."

"또 하나는 자신들이 자란 장소에 대한 강한 애착입니다. 최근 졸업생들을 중심으로 한 자원 활동이 시작되었습니다. 마을의 삼림 자원 활동가 분들에게 지도를 부탁드려, 유치부에서 대학생에 이르는 아이들을 대상으로 2박 3일의 삼림 체험을 실시하는 거죠. 이제는 삼림 보전 작업 외에 산길 보수 작업까지 할 수 있게 되었습니다."

성장한 아이들은 자신들이 전나무원에서 체화한 힘을 이제는 자연을 위해 또는 자기들보다 어린 아이들을 위해 사용하고 싶다는 생각을 가지고 서로 관계를 유지하고 있다.

그렇게 오가미 씨는 기뻐하면서 이야기를 해 주었다.

3 _____ 숲을 보전한다

활동을 시작한 계기

나카즈카 다카오(中塚隆雄) 씨는 요코하마 시 남부에 남겨진 습지 '세가미 숲'의 보전 활동을 하고 있다. 나카즈가 씨는 수림지, 습지, 골짜기, 밭 등의 유지 관리를 하는 숲 만들기 활동 단체 '세가미 사토야마 숲의 모임'의 사무국장으로서 생물 조사나 아이들의 자연 체험, 자원 활동가 육성 등을 담당하고 있다.

나카즈카 씨가 녹지 보전 활동을 하게 된 계기는 20여 년 전으로 거슬러 올라간다. 마흔 살 무렵, '인생의 반이 지났는데 내가 남기고 싶은 것은 무얼까'라는 생각을 했다고 한다. 그는 젊었을 때 유스호스텔 여행을 좋아해서 유스호스텔 관리자 '페어런트'(parent)

세가미 사토야마
모임 사무국장
나카즈카 다카오 씨.

가 되고 싶었다. 그러나 이미 가족을 가졌고 일도 재미있어서 갑자기 전직을 할 수도 없었다. 그래서 우선은 정보부터 수집하기로 하고 페어런트 자격증을 따기 위한 강습을 받거나 초·중학생들을 위한 캠프 프로그램의 자원 활동을 했다.

어느 날 군마 현의 유스호스텔에서 캠프를 하게 되었고, 그곳에서 반딧불이를 볼 수 있다는 사실을 알았지만 스태프 중에 반딧불이를 잘 아는 사람이 없었다. 그래서 스스로 반딧불이를 공부했다.

때마침 그 무렵 요코하마 시가 '반딧불이 리더 양성 강좌'를 열고 있어서 그곳에 참가해 보기로 했다. 그것이 본격적으로 생물의 관찰을 시키는 활동에 흥미를 깊게 된 계기가 되었다. 그 상습회의 장소는 그후 그의 활동 장소 중 하나가 된 요코하마 자연관찰의 숲이었다. 이후 자연관찰의 숲에서 열리는 여러 관찰회에 참가하며 조금씩 실력을 쌓았다.

"자연관찰의 숲 활동에 본격적으로 참가할 무렵, 같은 단지에 사는 사람들로부터 '어린이 모임에서 생물 관찰을 담당해 주지 않겠냐'는 부탁을 받았습니다. 그 일을 계기로 내가 살고 있는 단지

자연 해설을 하고 있는 나카즈카 씨(왼쪽).

를 다시 돌아볼 수 있었습니다. 단지를 위해 조성된 부분에서는 예전 골짜기의 경관이 거의 없어졌지만, 근처의 경사면은 원래의 식생 그대로였습니다. 살펴보니 단지 부지 안쪽으로 외래종인 서양민들레, 바깥쪽은 고유종인 관동민들레가 피어 있었습니다."

흥미롭게 여긴 그는 어린이 관찰회에서 생물을 좋아하는 아이들을 모아 자신의 단지를 필드로 하는 '고난다이 자연관찰 클럽'(애칭 크로로)이라는 그룹을 만들었다.

세가미자와와의 관계

"크로로 활동에서 신경을 쓴 것 중 하나는 아이들이 자연과 친해지는 것을 시작으로 '자연을 지키고 길러 내는 활동'을 체험할 수 있도록 하는 것이었습니다."

그러나 단지 안에서 '자연을 보호하는' 활동이라고 해도 구체적으로 어떤 것을 해야 할지 알기 어렵다. 그때 단지 근처 세가미자와(瀨上沢)라고 하는 골짜기에 매년 반딧불이를 보기 위해 방문하는 사람들의 그다지 좋지 않은 매너가 떠올랐다.

"세가미자와에는 많은 사람들이 반딧불이를 구경하러 옵니다. 그 사람들에게 반딧불이의 생활사와 관찰 매너를 알려 주기 위해 요코하마 자연관찰의 숲에서 만든 그림 연극을 상연하는 활동을 시작했습니다. 그림 연극에는 시나리오가 있기 때문에 미리 연습해 두면 아이들도 공연할 수 있고 반딧불이를 보러 오는 손님들에게도 충분한 메시지 전달이 가능했습니다."

이렇게 크로로 활동을 시작하고 세가미자와에서 반딧불이의 그림 연극을 상연한 지도 10년 가까이 지났다. 그 사이 크로로 아이들은 성장해 둥지를 떠났다.

그때 세가미자와의 개발 계획이 대두되었다. 세가미자와의 대부분은 시의 토지도 아니고 공원도 아니다. 일반 사유지였다. 요코하마 시의 녹지는 내부분 농가가 서부 유지하고 있는 수림지였다. 세가미자와도 마찬가지로 항상 개발의 위기에 몰려 있었다. 개발 계획이란 골짜기의 일부를 주택지로 조성하는 것이었다.

그때까지 나카즈카 씨는 개발 문제에 관한 경험도 없었고 설마 자신이 그런 문제에 관여하게 되리라고는 생각지도 못했다. 그러나 여러모로 고민한 끝에 세가미자와의 생물을 지키기 위해 무엇이든 할 수 있는 일을 해야겠다고 결단했다.

"가장 큰 이유는 크로로의 아이들이었습니다. 반딧불이에 관한 그림 연극을 상연하던 아이들이 어른이 되었을 때 세가미자와가 어떻게 되어 있을지 모릅니다. 그렇지만 아이들에게는 '나는 세가미지와의 생물들을 지키기 위해 이런 노력을 했다'고 말할 수 있을 만큼의 노력을 하지 않으면 안 되겠다고 생각했습니다."

이것이 큰 동기가 되어 환경 자원 활동가 동료들과 함께 세가미자와 보전 활동을 하는 '세가미의 숲 파트너십'이라는 단체를 만들었고, 개발 문제에 대해 사업자, 행정기관, 시민이 서로 연대해 생물 보전을 위한 효과적인 해결책을 제안했다.

나카즈카 씨는 "개발이라는 커다란 과제에 직면해 보호냐 개발이냐의 양자택일이 아닌, 보다 실효성 있는 보전 방법을 생각해야만 했습니다. 그럼으로써 세가미자와와 그곳에 서식하는 생물들에 대해 좀 더 깊이 이해할 수 있게 되었습니다"라고 말했다. 이후 보전 활동의 대부분은 세가미자와의 중심을 차지하는 '세가미 시민의 숲'에서 활동하는 시민단체가 통합해 발족한 '세가미 사토야마 숲의 모임'으로 계승되었다.

"여담입니다만, 내가 골프를 그만둔 것도 크로로가 원인이었습니다. 맨날 '녹지를 소중히, 생물들을 소중히'라고 말하면서 캐디백을 둘러메고 단지를 걷는 모습을 아이들이 보면 어떻게 생각할까 싶었기 때문입니다."

나카즈카 씨의 행동 원리 속에서는 '아이들에게 성실하고 싶다'는 마음이 강렬히 작용하고 있는 것 같다. 나카즈카 씨는 자신의 활동을 이렇게 회고했다.

"땅에 애착이 있어서 활동을 시작한 게 아닙니다. 나는 오사카에서 나고 자라, 취직해서 요코하마 시로 이주해 왔습니다. 아이를 어느 정도 키웠을 때 어느 순간, 다시 한 번 나 자신의 생활방식을 반성하게 되었습니다. 그것이 직접적 계기였습니다. 활동에 참가함으로써 점차 이 땅에 대한 애착이 생겨났습니다. 그때부터 도코로지스트라는 것을 의식하게 되었습니다. 토지에 애착을 갖는 것은 손이 많이 가는 일이라 힘들기도 하지만, 그렇기 때문에 더 마음이 깊어지는 것 아닐까요?"

인터뷰를 마치고

인터뷰를 마치고 흥미로웠던 것이 있다. 이번에는 일부러 '취미' '교육' '시민 활동'이라는 지점에서 이야기를 들었지만, 실제로는 모든 사람의 활동 속에 취미의 요소가 있는가 하면 교육의 요소도 있고 시민 활동의 요소도 있듯이, 한 사람 안에도 몇 가지 요소가 함께 존재한다는 사실이다.

예를 들면 고바야시 씨는 도코로지스트가 '취미'라고 강조하지만, 그 활동 속에는 생애 학습으로서의 교육 활동적인 측면과, 숲을 보전하려는 시민 활동의 측면이 공존하고 있었다. 오가미 씨 또한 보육교사로서의 교육 활동은 물론이고, 생물을 관찰하는 취미로서의 측면도 가지고 있었다. 최근에는 전나무원의 졸업생들이 삼림 보전 자원 활동에 참가하기 시작해 사회 참여의 움직임도 나타나기 시작했다. 그리고 나카즈카 씨는, 지금은 세가미 숲의 보전 활동이 활동에서 큰 비중을 차지하고 있지만, 세가미자와의 보전 활동으로 자신을 이끈 것은 다름 아닌 아이들을 대상으로 한 환경 교육 활동이었다고 한다.

세 사람의 이야기를 듣고 나니, 도코로지스트란 한마디로는 설명하기 어려운 다면적 존재가 아닐까라는 생각이 들었다. 한 장소에 애착을 가지고 활동하는 것이 다른 데서는 얻을 수 없는 교육 효과를 가져다준다. 그리고 그것이 우리의 가치관과 생활방식을 좌우해 보다 좋은 사회를 만들기 위한 참여 의식을 양성시켜 준다. 한정된 장소를 걷는 사이에 다른 세계가 열리고, 활동으로 향하게 하는 동기가 성장해 간다는 것, 그것이야말로 도코로지스트 최대 매력이 아닐까 생각한다.

부록 1

하마구치 데쓰이치 강연록
(일본야조회 직원 공부모임 녹취의 일부, 2008년 3월)

0 _____ 도코로지스트를 권하다

오늘 이런 기회를 만들어 주셔서 감사합니다. 저는 최근 3년 전부터 '도코로지스트'에 대해서 이야기를 해 왔습니다. 장소의 전문가라는 의미입니다만, 도코로지스트라는 명칭을 부여함으로써 지금까지와는 다른 발상이 생기지 않을까 기대하고 있습니다.

이 말은 제가 개인적으로 사용하고 있는 단어라서 사전에는 없습니다. 새 전문가나 곤충 전문가라는 식의 학문적인 전문가가 아닌, 예를 들어 요코하마 자연관찰의 숲의 전문가, 또는 도쿄만(灣)의 전문가 같은 식으로 사용합니다. 이러한 것을 생각한 이유가 몇 가지 있습니다.

도코로지스트를 생각한 이유

언젠가 도쿄 도(都) 녹색자원활동 지도자 연수회의 강사를 맡아 달라는 의뢰를 받았습니다. 녹색자원활동 지도자를 대상으로 식생 조사 방법이라든지 조류의 선조사법(line census: 정해진 코스를 따라 걸으며, 눈에 보이거나 들리는 소리로 야생생물의 종류와 개체수를 조사하는 방법) 또는 조사의 노하우에 대해 이야기해 달라는 내용이었습니다. 물론 식생 조사 방법을 공부하면 식생 지도를 보는 방법에 익숙해질 수도 있습니다. 그러나 시민의 입장에서 필요한 전문성이란 기존 학문의 전문성에서 초보적인 부분을 습득하는 것이 아닌, 지금까지와는 다른 발상이 요구되는 것 아닐까 생각했습니다.

시민 입장에서 요구되는 전문성이란 무엇일까. 이때 떠올린 것이 각자가 자신이 관계 맺고 있는 장소에 대한 전문가가 되는 것이었습니다. 새로운 발상으로 '동기 부여'를 가지는 것이 도움이 되지 않을까 생각한 것입니다.

저는 매달 메일 통신문을 발행하고 있는데요, 거기에서 "장소의 전문가에게 이름을 붙이고 싶은데 무엇이 좋을지 아이디어가 없을까요?"라고 물어 보았습니다. 그랬더니 녹색비둘기를 연구하는, 일본야조회 회원 다바타 유 씨로부터 "도코로지스트는 어떨까요?"라는 제안이 왔습니다.

어감도 좋아서 "그럼 그것으로 합시다"라고 결정해 이 단어가 탄생했습니다.

사가미 강 하구 보호 활동

= 필드에 대한 책임

또 하나 도코로지스트에 대해 생각할 때 떠올린 것이 있습니다. 이건 20~30년 전 이야기입니다. 히라즈카의 사가미 강 하구에는 갯벌이 있는데요, 갯벌과 그 주변을 매립해 강에 퇴적된 침전물을 건조시키는 연못을 조성한다는 이야기가 나왔습니다. 그래서 갯벌을 지키는 보호 운동을 했지요.

그때《히라즈카의 식생》이라는 시 전체의 식생조사보고서를 발견했습니다. 거기에 "해안 모래언덕 위의 식물은 자연도가 높아 중요하기 때문에 소중히 여겨야 한다"라고 나와 있어서 공사 책임자인 과장에게 "히라즈카의 식생이라는 책에 이렇게 쓰여 있는데, 공사를 하려면 식생 전문가에게 의견을 물어야 하는 것 아닌가요?"라고 제안한 것입니다. 그러자 그 과장은 며칠 후 "식생 조사를 한 전문가 선생님께 전화로 문의를 드렸더니 '저는 상관없으니 시에서 판단하시라'는 답을 들었다"고 했습니다.

정말로 그런 답변을 했는지 확인한 것은 아니지만, 그때 전문가라는 사람들은 다양한 필드에 나가 조사를 하기는 하지만 그 필드에 대한 책임은 없는 것일까 의문을 갖게 되었습니다. 어떤 필드에서든 무언가 조사하면 그만이라는 자세도 있겠지만, 그러지 않고 그 필드를 소중하게 여겨 어떻게든 보전하고자 하는 생각을 염두에 두고 활동하는 전문가도 필요하지 않을까 생각했습니다.

일본야조회 공부모임에서
이야기 나누는
하마구치 데쓰이치 선생님.

= 아마추어의 중요성

사가미 강 하구 보호 운동은 순조롭게 진행되지 못했고, 지형이 변해서 갯벌다운 갯벌은 거의 사라져 버렸습니다. 보호 운동은 자연스럽게 소멸되었습니다. 그때 저희는 갯벌의 새에 대해 많은 정보를 모았고, 저생동물(低生動物)에 대해서도 상당한 정보를 가지고 있었습니다만, 모래나 파도, 강의 움직임 등에 대해서는 거의 정보를 수집하지 못했다고 반성을 했습니다.

그런 분야의 사람들에게 지혜를 빌릴 수 있었다면 갯벌을 지킬 수 있지 않았을지 생각하기도 합니다. 최근 지형 전문가와 이야기하고 든 생각입니다. 사가미 강 하구 주변에는 강에서 바다로 나가는 배의 항로를 유지하기 위해 도류제(道流堤)라는 제방이 만들어져 있습니다. 이런 하구나 해안 지형의 전문가 이야기로는, 도류제를 만드는 방법에 따라 사구의 위치를 제어할 수 있는 가능성도 있다는 것이었습니다.

사가미 강 하구는 현재 사주(沙洲)의 위치가 북쪽으로 이동해 아주 일부의 갯벌만 남아 있습니다만, 게와 작은 조개들이 살 수 있는 환경은 사라지고 말았습니다. 그 당시에 지형 전문가에게 조언을 받았더라면 갯벌을 남길 수 있지 않았을까 하는 후회가 지금까지도 마음속에 남아 있습니다.

하나의 장소에 관한 전문가가 되려면 여러 분야의 사물을 보는 방법에까지 시야를 넓혀 가야 합니다. 도코로지스트는 장소의 전문가라는 뜻을 가진 단어이지만, 발상 면에서는 아마추어 같은 데가 있다고 생각합니다.

도코로지스트의 눈

도코로지스트라는 말은 '어느 장소의 전문가'라는 의미입니다만 여러 시야를 가질 필요가 있습니다.

예를 들면 자연환경의 지형과 지질에 대해 알아야 합니다. 생물들과 수질, 공기의 오염 정도 등에 대해서도 정보를 가지고 있을 필요가 있습니다. 그뿐 아니라 어떤 명소나 유적이 있는지, 어떤 역사가 있는지, 어떤 사람이 어디에서 왔는지, 어떤 사람이 (토지를) 이용하고 있는지 또는 토지 소유 관계가 어떻게 되는지, 행정은 그 장소를 어떤 식으로 위치 짓고 있는지, 법적으로는 어떻게 되어 있는지, 어떤 보전을 위한 장치가 있는지 등에 대해 눈을 돌리는 자세가 필요합니다.

구체적으로 이야기해 보면, 히라즈카에 종합공원이 있는데, 그곳은 일본 정원과 벚나무 광장이 있고, 그 외에 스포츠 시설 등도 갖추어져 있습니다.

이곳에 수령이 필시 100년은 지났을 법한 커다란 태산목이 있습니다. 그것을 식물이라는 관점에서 보면 거목이라는 사실로 끝나겠지만, 이 장소에는 과거 해군의 화약 공장이 있었고 이 태산목은 그 화약 공장의 공장장 집 정원에 있었던, 소위 그 화약 공장 전체의 상징과 같은 나무였습니다. 그런 사실을 알게 되면 이 장소를 보는 눈이 넓어집니다.

그리고 공원을 걷다 보면 사기즈카(サギ塚)라는 무덤이 있습니다. 이곳은 화약 공장이 있었던 무렵에는 소나무 숲이었다고 합니다. 여기에 백로가 군락을 이루고 있었는데 어느 날 폭풍우로 많은 새끼 백로들이 둥지에서 떨어졌다고 합니다. 이를 화약 공장에서 일하던 여공들이 가엽게 여겨 묻어 주고 무덤을 만들어 주었다는 것입니다. 이 무덤에는 이러한 일화가 남아 있습니다. 그러면 그때의 식생은 어떠했는지, 백로가 둥지를 틀 수 있는 환경도 있었다든지, 그런 것들을 생각하게 해 줍니다.

그 외에도 주제를 다양하게 해 보면 재미있습니다. 예를 들어 고양이를 보면, 이 공원에 어떤 들고양이가 있는지, 그것들의 털색은 어떤지, 행동반경은 어떠한지 등으로 말이지요.

또 여기에는 수영장이 있어서 많은 아이들이 오는데요, 이 아이들이 가까운 곳에 사는 아이들인지, 아니라면 전차를 타고 오는지를 조사해 보는 것도 재미있을지 모릅니다.

이 공원에는 비둘기에게 먹이를 주는 아저씨가 있는데 먹이를 줌으로써 비둘기가 늘고 있는지 줄고 있는지, 어떤 영향이 나타나고 있는지, 그리고 일본 정원의 연못에는 붉은귀거북이 많이 있는데 그런 외래 생물의 동향을 살펴볼 수도 있습니다.

하나의 공원을 스스로 도코로지스트로서 필드라고 생각한다면 여러 관점을 가지고 그곳을 바라볼 수 있습니다. 그것 또한 하나의 '그 지역을 즐기는 방법'이라는 관점을 취할 수도 있다고 생각하고요.

도코로지스트의 역할

도코로지스트라는 말이 탄생했을 무렵, 야마나시 현에서 학교 선생님으로 일하던 우에하라 아키라(植原彰) 씨라는 분에게 메일을 받았습니다. "저도 그 도코로지스트라는 아이디어에 대찬성입니다"라는 내용이었지요. 그는 "자연을 지킨다는 것은 각 지역의 도코로지스트와 다양한 분야의 전문가가 서로 씨실과 날실의 관계가 되었을 때 비로소 실현할 수 있는 것 아닐까요"라는 말로 자신의 생각을 전해 주었습니다.

예를 들어 A라는 장소에 대해서는 도코로지스트인 A1 씨와 A2 씨가 있다고 칩시다. A라는 장소를 그 도코로지스트들은 다양한 시야에서 바라봅니다. 한편 조류 전문가나 식물 전문가, 토양 전문가들을 가끔 그 장소로 초대해 어떤 주제에 대한 조사를 부탁합니다. 그 결과를 통해 조언을 받음으로써 그 장소의 특징을 보다 확실히 알게 되고, 그곳을 지킬 때 무엇이 중점이 되는지를 알 수 있습니다. 도코로지스트와 학문적인 전문가는 그런 관계를 맺어야 한다는 것이지요.

우에하라 씨는 야마나시 현의 오토메 고원이라는 곳에서 여러 사람들과 활동하며 정기적으로 공부 모임을 갖습니다. 그곳에 전문가를 초빙해, 예를 들면 호박벌 전문가를 초대해 관찰 방법을 배우고 다양한 데이터를 추출해 함께 보거나, 토양 전문가를 초청해

땅을 파서 토양을 조사해 보는 일들도 일종의 협업이라고 생각합니다. 이러한 씨실과 날실이 잘 짜였을 때 비로소 그 지역의 자연을 잘 지킬 수 있지 않을까 생각합니다. 도코로지스트로서 장소에 애착을 가지는 것은 굉장히 좋은 일이지만, 한편으로는 독선적이될 위험도 있다고 봅니다. 그런 점은 폭넓게 각 분야 전문가에게 도움을 받아 가며 고쳐 나갈 수 있을 거라 생각합니다.

생물을 조사할 때의 시점

'도코로지스트는 여러 가지 것에 관심을 가져야 한다'는 것을 이해하셨을 것입니다. 그러나 일본야조회 사람들은 대개 동물과 식물을 좋아해서 무언가를 조사한다고 하면 '생물'이 중심이 될 거라 생각합니다. 이런 점에서 도코로지스트로서 어느 장소의 생물에 대해 조사할 때, 어떤 수단과 방법이 있는지에 대해 이야기해 보려 합니다.

리스트를 작성한다, 달력을 만든다, 지도를 만든다, 이것이 기본적인 3종 세트입니다. 리스트란 '어떤 종류가 있는지'에 대한 것이고, 달력은 '어느 계절에 볼 수 있는지'에 대한 것이며, 지도는 '어느 지점, 어느 위치에서 볼 수 있는지'에 대한 것입니다. 이것들이 갖추어지고 또 상세해지면 그곳 자연의 모습에 대한 전체상을 그릴 수 있게 됩니다. 그러자면 무엇을 하더라도 일단 '관찰 노트'부터 작성할 필요가 있습니다(이하 3종 세트의 상세 내용은 생략합니다. 구체적인 것은 이 책 2부 내용을 참조해 주세요).

정보를 공유한다

도코로지스트로서 하나의 장소에 애착을 가지고 여러 가지를 조사하거나 관찰한 것을 어떤 형태로 정리해 다른 사람들도 이용할 수 있는 정보로 만들어 가는 것도 중요한 일이라고 생각합니다. 예를 들면 저는 박물관 업무로서 사가미 강변에 '우마이리 수변 학교'라는 구역을 만들었습니다. 거기에서 '수변 학교 생물들을 조사하는 모임'이라는 것을 매월 진행해, 같은 장소가 사계절 동안 어떻게 변화하는지를 관찰하고 있습니다.

또 사진으로 기록한 것을 한 권의 책으로 엮었습니다. '생물 달력'과 '생물 지도'로 관찰 결과를 정리해 놓으면, 이 관찰 위에 다른 정보들을 다른 사람들이 덧붙여 나갈 수도 있습니다. 다양한 생물의 정보를 포개어 봄으로써 그들의 관계를 탐색해 볼 수도 있게 됩니다.

이런 활동을 할 때 '각자 어떤 것을 발견했는가'라는 사실도 중요하므로, 책자로 만들 경우에는 기사의 마지막 부분에 가장 인상 깊이었던 내용을 이름과 함께 싣습니다.

조사하는 것, 전달하는 것, 지키는 것

마지막으로 도코로지스트의 역할에 대해 다시 한 번 말해 두고 싶습니다. 도코로지스트란 '하나의 장소에 애착을 갖고 다양한 활동을 하는 사람'이라고 했습니다. 혼자 조사해 가는 것도 있겠고, 많은 사람들의 힘을 빌려 조사하는 경우도 있습니다. 그렇게 조사한 것을 모두에게 전하는 것도 중요한 일입니다. 전달 방법으로는 인쇄물로 만들거나, 홈페이지에 올리거나, 또는 관찰회를 통하거나, 워크숍 형태로 조사한 것을 체험하게 하거나 등이 있을 것입니다.

그리고 하나 더, 조사한 결과를 그 장소를 지키는 데 어떻게 사용해 가면 좋을지를 생각해야 합니다. 조사하는 것, 전달하는 것, 지키는 것을 일체화해 나가는 것, 거기에야말로 도코로지스트의 가장 중요한 역할이 있지 않을까 생각합니다.

이 도코로지스트라는 구상은, 이름이야 새롭게 지어진 것이지만 사고방식으로서는 특수한 것도 아니며, 필시 여러분이 특히 생추어리(sanctuary: 야생생물보호구역. 생물을 보전하면서 찾아오는 사람들이 자연과 접할 수 있도록 전문가가 상주하며 활동한다—옮긴이) 관계자 분들은 매일매일 하고 있는 일이 아닐까 생각합니다. 다만 장소에 애착을 갖고 그곳의 전문가가 되고자 하는 그 마음, 그로부터 적극적으로 의의를 찾으려 하는 것이 의외로 잊고 있는 부분 아닐까요. 그래서 오늘과 같은 이야기를 한 것입니다. 감사합니다.

부록 2

5인의 한국 도코로지스트 인터뷰

봉암갯벌생태학습장 **이보경**

1. 활동은 언제부터 시작하셨는지요? 또 활동 지역은 어디신 지요?

2006년부터 마산·창원·진해 환경운동연합 실무자로 마산만과 하천 업무를 담당했습니다. 2008년부터 봉암갯벌생태학습장 관리 책임자의 업무를 추가로 맡아 함께 진행하다 2012년부터는 봉암 갯벌생태학습장 관리책임자 역할만 담당하고 있습니다. 현재 마· 창·진 환경연의 관리책임자 직책은 유지하고 실무자가 아닌 자원 활동가로 일하고 있습니다.

주된 활동 지역은 봉암갯벌생태학습장이며 마산만 봉암갯벌, 마산만, 창포만 등 창원시의 바다와 조간대입니다.

2. 활동의 원칙은 무엇입니까?

마산만의 수질 개선과 생태계 복원이며 봉암갯벌생태학습장을 창원시 해양환경 교육의 거점으로 만드는 것입니다. 마산만 어귀의 작은 갯벌인 봉암갯벌의 생태계 보전을 통해 생물종 다양성을 꾀하는 것이지요. 또 시민들에게 마산만 매립과 복원의 역사를 알려 더 이상의 매립이 일어나지 않도록 해양환경의 소중함을 알리고자 합니다.

3. 활동 내용을 간략하게 소개해 주세요.

봉암갯벌생태학습장은 2001년에 민관이 협력해 조성했지만 뚜렷한 관리 주체가 없어 방치되어 왔습니다. 그러던 중 2008년 제10차 람사르총회를 계기로 마산지방해양수산청에서 봉암갯벌생태학습장 위수탁 운영을 제안했고, 이를 환경연에서 받아들여 제가 관리책임자로서 역할을 하게 되었습니다.

활동은 크게 프로그램 기획, 교육, 모니터링, 홍보, 보전 등의 영역으로 이루어집니다. 봉암갯벌생태학습장의 교육 프로그램을 운영하고 대상에 맞는 교구 및 교재를 개발합니다. 그 과정에서 자료가 축적되고 이를 토대로 생태 가이드를 제작하기도 합니다. 마산만 봉암갯벌 국가해안쓰레기모니터링 사업과 해안쓰레기 탐구조사 교육 및 현장활동을 벌이기도 했습니다. 이밖에도 해양정화활동, 마산만생물상탐구조사대회, 하천 야생동물 흔적 조사, 매립 반대를 위한 현장조사활동 지원 등의 활동을 다양하게 진행합니다.

4. 활동에서 가장 중요하게 생각하는 것은 무엇입니까?

일상적이고 정기적인 모니터링은 조사 지역의 변화를 관찰하면서 과거와 현재, 미래를 예측하게 합니다. 모니터링의 결과는 새로운 교육 프로그램과 교육 내용 및 정책 생산을 가능하게 합니다. 모니터링이 없었다면 봉암갯벌과 마산만의 교육 내용은 2008년도에 머물러 있었을 것입니다.

5. 앞으로 활동의 방향과 계획은 무엇입니까?

저는 '장소의 전문가'를 '현장 전문가'라고 부릅니다. 봉암갯벌과 마산만은 물론 창원시의 해안에 좀 더 많이 찾아가 기록하고 정리해 그것을 널리 알리고자 합니다. 아직도 남아 있는 창원시 해안의 조간대와 그 속에 사는 다양한 생물들에 대해 더 많이 더 자세히 알고 싶습니다. 그리고 시민들에게 우리가 사는 바다를 깨끗하게 하기 위해 매일매일 정화활동을 하는 조간대와 그 속에 사는 생명들의 소중함을 알리고 싶습니다.

6. 지역 활동의 중요성에 대해 한마디 부탁드립니다.

지역 활동의 숭심인 현장이 사라지면 교육도 여가 활동도 할 수 없습니다.

7. 지역의 도코로지스트가 되어 활동하고자 하는 사람들에게 하고 싶은 말이 있다면?

최근 들어 생태 안내인이나 생태 해설사가 굉장히 많아졌음에도 현장을 지켜 내는 것은 시민단체 활동가의 몫으로만 여기는 경우가 많습니다. 교육과 조사, 보전 활동, 대응 활동 등에 함께 참여하는 현장 전문가가 되었으면 좋겠습니다. 그 현장을 지켜 내기 위해 자료를 축적하고, 축적한 자료를 공유합시다. 네트워크가 형성될 때 시너지 효과를 발휘합니다.

2

생태보전시민모임 **민성환**

1. 활동은 언제부터 시작하셨는지요? 또 활동 지역은 어디신지요?

경험에 의하면 그 지역에 오래 살았다고 지역 전문가가 되는 건 아닌 것 같습니다. 지는 아는 분들이 생태환경 전문 NPO(비영리민간단체)를 만드는 과정을 죽 지켜보다가 대학원 졸업 후 결합하게 되었고, 그때부터 줄곧 이곳 은평이란 마을에서 생활하고 활동하고 있습니다. 제가 몸담은 생태보전시민모임은 생태환경 NPO로서 '자연과 사람이 조화로운 세상 만들기'를 미션으로 삼고 있습니다. 도시의 생물다양성 보전과 작은 산과 하천, 습지 등 다양한 생태계 보전을 목표로 활동하는 시민단체죠.

저는 대학원에서 생태학을 공부했습니다. 도시생태학 또는 환경생태학이 제 전공이죠. 정확히 말해 저는 자연환경 분야 지역 전문가라고 할 수 있습니다. 생태보전시민모임에서 생태계 보전 및 생물다양성 증진을 위해 시민과 함께 기획하고 실천하는 일을 18년 가까이 하다 보니 자연스럽게 지역 전문가가 되었습니다.

2. 활동의 원칙은 무엇입니까?

지역 전문가가 되기 위해서는 꾸준히 관찰하고 기록해야 한다고 생각합니다. 지역의 자연환경을 지속적으로 관찰하고 기록하는 것이야말로 그 지역을 제대로 이해하는 최고의 방법이라고 생각해요. 그래서 언제든 관찰하고 기록하는 습관을 들이려고 부단히 노력하지요. 저는 항상 작은 수첩과 4색 볼펜을 휴대하고 다닙니다. 또한 수기 기록 못지않게 사진 기록도 중요하다고 생각해 사진도 열심히 찍습니다.

3. 활동 내용을 간략하게 소개해 주세요.

최근 열심히 하는 일은 산개구리 산란 시기 모니터링입니다. 산개구리는 가장 먼저 겨울잠에서 깨어 알을 낳는 개체라 겨울에서 봄으로 넘어가는 계절 변화, 즉 기후변화로 인한 영향을 가장 크게 받습니다. 6년째 산개구리가 알을 낳기 시작하는 가장 이른 날과 알을 가장 많이 낳는 날을 관찰·기록하고 있는데, 10년 이상 지켜보고 자료를 축적하면 기후변화와 산란 시기의 상관관계가 나타나지 않을까 생각합니다.

또 환경부에서 지정한 멸종위기종인 맹꽁이가 환경영향평가에는 아예 그 존재 자체가 기록되어 있지 않다는 사실을 알게 되었습니다. 몇 년 동안 지역에서 활동하며 맹꽁이가 꽤 많이 존재하는 걸 알았던 저는 그동안 관찰하고 기록한 자료를 바탕으로 강력한 문제제기를 했지요. 그리고 마침내 맹꽁이를 위한 원형 보전 습지 한 곳과 대체 서식지 세 곳을 확보했습니다.

4. 활동에서 가장 중요하게 생각하는 것은 무엇입니까?

앞에서도 말했지만 한 지역에 오래 산다고 해서 바로 지역 전문가가 되는 건 아니라고 생각합니다. 애정을 갖고 꾸준히 관찰하고 자세히 기록하는 것이 중요하다고 봅니다. 관찰하고 기록하는 것은 지역을 이해하는 과정이지요. 지역을 이해하면 자연스럽게 애정이 생기는 것 같아요. 그러면 지역을 제대로 사랑할 수 있게 됩니다.

5. 앞으로 활동의 방향과 계획은 무엇입니까?

앞으로도 오랫동안 은평이라는 마을에서 살 것 같아요. 단체 활동도 특별한 일이 없는 한 예순 살까지 할 수 있지 않을까 생각해요. 지역의 자연환경을 좀 더 깊이 이해하고 싶습니다. 그리고 지금까지 관찰하고 기록한 것을 좀 더 체계적으로 정리해 책이나 도감 등의 다양한 형태로 만들어 보고 싶습니다.

6. 지역 활동의 중요성에 대해 한마디 부탁드립니다.

저는 사회와 경제의 지속불가능성은 전적으로 자연과 환경의 지속불가능성에서 유래한다고 생각합니다. 결국 우리 삶의 위기를 극복하기 위해서는 자연과 환경의 보전이 무척 중요하지요. 그런데 기후변화든 생물다양성이든 에너지 위기든 우리가 어쩔 수 없을 것 같은 지구적 차원의 문제도 그 해결책은 나와 우리의 변화와 실천에서 시작되어야 하는 것 아닐까요? 구체적인 나의 삶터인 지역의 변화 없이는 지구적 변화 역시 불가능하다고 생각합니다.

7. 지역의 도코로지스트가 되어 활동하고자 하는 사람들에게 하고 싶은 말이 있다면?

작은 것부터 시작해 보면 어떨까요? 나만의 비밀 장소를 만들어 보는 거죠. 그곳이 작은 공원이든 하천이든 습지든 동네의 작은 뒷동산이든 아파트 한쪽에 자리 잡은 공터든 상관없습니다. 그렇게 나만의 비밀 장소를 선택했다면 꾸준하게 정기적으로 방문해 보는 거예요. 그 장소의 일상을 관찰해 작은 노트에 기록해 보는 거죠. 때론 카메라로 사진도 찍어 보고요. 이런 활동을 시작으로 비밀 장소를 하나하나 늘려 나가면, 비밀 장소가 늘어남과 동시에 자연스레 지역의 전문가가 되어 가는 자신을 발견하게 될 것입니다.

3 _____

1. 활동은 언제부터 시작하셨는지요? 또 활동 지역은 어디신 지요?

1989년, 뜻 있는 교사들과 함께 교육민주화 운동에 참여했습니 다. 아이들에게 생명평화 교육을 통해 비폭력적이고 평화적인 삶 을 사는 법을 고민하도록 하는 교육 운동이었지요. 결국 그 일로 1500여 명의 교사들이 교단을 떠나게 되었습니다. 그후 1991년 두산전자의 '낙동강 페놀 방류 사건'을 보며 환경오염 문제가 심각 하다는 것을 알고 환경운동에 동참하게 되었습니다. 그 일을 수습 하기 위해 사람을 만나고 사고가 난 뒤 행정이 대응하는 권위적인 모습을 보며, 환경단체를 만들어 시민들이 직접 나서서 환경문제 를 비롯한 먹거리와 자연보전 운동에 관심을 가져야 할 필요성을 깨달았습니다.

2. 활동의 원칙은 무엇입니까?

인간과 동식물은 동일하게 생명을 지닌 소중한 존재입니다. 인간이라고 해서 자연을 마음대로 사용해서는 안 되죠. 그래서 저는 자연이란 생명이 가득한 평화로운 공간임을 알리고자 노력하고 있습니다. 우리 친구들이 자연에 대해 이런 생각을 가지고 자란다면, 우리 사회는 분명 서로의 다름을 인정하고 평화롭게 공존할 수 있는 곳이 될 테니까요.

3. 활동 내용을 간략하게 소개해 주세요.

자연 속에서 뭇 생명이 햇살과 바람, 흙의 자양분을 통해 자라듯 아이들도 자연의 흐름에 따라 성장하기를 기대하며 우포늪에서 자연생태학교를 열고 있습니다. 덧붙여 우포늪 안에 따오기라는 새가 살 장소를 만들기 위해 농민과 어민 등 지역 주민들과 함께 고민하며 친환경 농업과 자연 회복에도 애쓰고 있습니다. 매일 아침저녁으로 늪 주위를 관찰하면서 사진으로 기록을 남겨 두기도 하고요.

최근에는 지역 주민들과 지역의 네 개 초등학교 아이들이 협력해 논농사를 지었고, 마을의 생태 문화를 보전하고, 이것이 축제로 승화되어 마을 공동체가 되살아나고 있습니다. 주민들이 협력해 람사르 마을 프로그램을 통해 우포늪 안에 사라졌던 따오기 복원은 물론 다양한 동식물이 잘 살아갈 수 있도록 습지 생태를 보전하는 일을 지원하기도 하고요. 또 지역 주민들과 환경을 해치지 않고 농사를 지을 수 있는 방법도 고민합니다.

4. 활동에서 가장 중요하게 생각하는 것은 무엇입니까?

내가 발 딛고 사는 곳에서부터 자연을 사랑하면 좋겠습니다. 아이들과 사람들이 집 가까이에 있는 풀꽃과 나무 그리고 그곳에 사는 작은 곤충과 거미집 등을 들여다보며 호기심을 갖게 되면 좋겠습니다. 생명을 관찰하는 과정에서 책도 찾아 보고 그림도 그리고 이름도 지어 주며, 바람소리와 꽃향기를 더 깊이 느끼게 되면 차츰 자연을 사랑하게 되겠지요.

5. 앞으로 활동의 방향과 계획은 무엇입니까?

지금은 우리 땅에서 사라진 따오기가 야생에서 살아갈 수 있도록 주변 농업 환경을 변화시키고 사라진 우포늪 습지를 회복시켜 사람과 자연이 공생하는 사회를 만들어 갈 생각입니다.

6. 지역 활동의 중요성에 대해 한마디 부탁드립니다.

우리나라는 많은 시민운동가들이 서울을 중심으로 활동하고 있습니다. 하지만 유럽이나 일본 같은 나라의 젊은이들은 자신이 태어난 고향이나 지역의 필요를 위해 도시를 떠나 지역에서 주민들과 함께 활동합니다.

저는 마을에 살면서 하는 활동이 마을 공동체를 회복시키는 기본이라고 믿습니다. 그 속에 살면서 매일 지속적으로 지역을 관찰하고, 지역 사람들과 소통하며, 마을의 언어·문화·역사를 기록하고, 자연관찰을 통해 농업과 자연의 중요성을 스스로 깨달을 때 환

경이든 정치적 상황이든 많은 사회적 공공성이 확보되겠지요. 고
향으로, 마을로 돌아갑시다!

7. 지역의 도코로지스트가 되어 활동하고자 하는 사람들에게 하고 싶은 말이 있다면?

먼저 지역에서 오랫동안 활동가로서 살아온 사람을 찾아, 내가 무
엇을 위해 어떻게 활동하는 것이 바람직할지 탐색하는 작업이 필
요합니다. 그다음에는 지역 활동가의 네트워크를 활용해 이곳저곳
을 방문해 내게 가장 적합한 대상과 장소를 알아보는 과정이 중요
하고요. 그러나 무엇보다 마음을 정하면 한 우물을 파겠다는 철학
을 유지하는 것이 가장 중요합니다.

4 _____

생태교육연구소 '터' 두꺼비친구들 **박완희**

1. 활동은 언제부터 시작하셨는지요? 또 활동 지역은 어디신 지요?

환경단체에서 활동을 시작한 것은 2000년입니다. 군대를 제대하자마자 대학 시절 함께 활동하던 선배들이 청주 지역에서 생태 교육을 중심으로 한 환경운동을 하던 생태교육연구소 '터'에서 상근 활동가로 시작했습니다.

초창기 생태교육연구소 '터'에서는 지역의 자연 생태에 대한 인식을 확산하는 활동을 진행했습니다. 무심천 생태 지도와 해설서를 비롯해 청주 우암산 생태 지도, 상당산성 들꽃 지도와 도서를 발간해 청주 지역 관공서와 교육기관, 단체 등에 무료로 보급했습니다.

2. 활동의 원칙은 무엇입니까?

지역을 중심으로 사고하자(지역성), 한번 시작한 운동은 끝까지 간다(지속성), 주민들과 함께한다(주민 참여), 자립적으로 운영한다(자립성), 이렇게 네 가지를 들 수 있습니다.

3. 활동 내용을 간략하게 소개해 주세요.

2003년 이후 현재까지 원흥이 두꺼비 살리기 운동을 청주시 산남동을 중심으로 14년째 진행하고 있습니다. 두꺼비를 살리자는 운동이 2003년부터 2년간 진행되었고, 2005년부터 2년간은 생태공원을 설계하고 시공하는 과정에 직접 참여해 합의사항을 관철할 수 있도록 노력했습니다. 2007년 마을의 입주가 시작되면서 두꺼비와 사람의 공존을 고민하게 되었습니다.

개발로 인해 예전 모습을 찾아보기 어려워진 원흥이마을에서 두꺼비를 살리기 위한 전제조건은 주민 참여였습니다. 주민들이 동의하지 않는 두꺼비 살리기 운동은 지속가능할 수 없다는 판단에서 직접 스스로 주민이 되어 마을 주민으로서 두꺼비와의 공존의 중요성을 알려 나갔지요. 결국 두꺼비라는 생물종을 매개로 두꺼비생태공원이 만들어지고, 주민들과의 협력을 통해 두꺼비생태마을이 서서히 만들어져 가고 있습니다.

또 두꺼비생태공원의 위탁 관리에 별도의 독립법인이 필요해 만들어진 것이 (사)두꺼비친구들입니다. (사)두꺼비친구들은 주민들과의 협력 구조를 만들어 가기 위해 산남두꺼비생태마을아파트협의회와 두꺼비마을신문을 만들었고, 생태공원을 중심으로 매년 2월에는 두꺼비맞이 대청소, 3월과 4월 두꺼비 식목행사, 5월 두꺼비생명한마당과 두꺼비논 모내기, 10월 두꺼비논 추수하기, 11월 낙엽이불 덮어 주기, 12월 동지맞이 팥죽 나누기 등 다양한 환경 축제를 열고 있습니다.

4. 일련의 활동이 사회적인 변화를 일으켰다면, 무엇일까요?

2003년 청주시 산남동에서 시작한 두꺼비 살리기 운동 이후 2006년 주택공사의 택지개발사업이 진행되던 성화동에서 맹꽁이 보호 운동이 이어졌으며 약 7000평 규모의 맹꽁이생태공원이 만들어졌습니다. 2007년에는 토지공사에서 택지 개발을 하는 율량동에서 맹꽁이가 발견되어 약 5000평 규모의 논습지가 원형으로 보전되었고요. 뿐만 아니라 2011년 오송 지역에서 금개구리와 맹꽁이가 발견되었는데, 2015년 오송 지역 멸종위기 양서류 보호를 위한 협의회를 구성해 영구적인 금개구리, 맹꽁이 서식지를 확보하기 위한 활동이 진행되고 있어 충북 지역의 양서류 생물 서식 환경을 지키고 보전하는 데 많은 역할을 수행하고 있다고 생각합니다.

또한 2010년에는 우리나라 양서류 보호운동 조직인 한국양서류보존네트워크를 빌족하는 데 중추적인 역할을 수행했습니다. 초대 사무처를 맡으면서 국립생물자원관과 기후변화지표종 양서류 조사, 수원청개구리 멸종위기 야생 생물 등재, 맹꽁이 및 금개구리 보호 운동을 진행하고 있습니다. 특히 두꺼비생태공원을 중심으로 진행된 생태 공동체 마을 만들기 활동은 전국적인 모델 사례로 발전해 많은 지자체에서 선진지 견학을 오는 상황입니다.

5. 활동에서 가장 중요하게 생각하는 것은 무엇입니까?

장소를 기반으로 한 활동은 시간이 많이 필요합니다. 특히 생물 서식 공간은 더 그렇습니다. 초기 두꺼비생태공원에서 두꺼비 개체 수가 지속적으로 줄었고, 많은 언론과 정치인들이 두꺼비생태공원의 실패를 기사화했습니다. 하지만 3년 전부터 두꺼비들이 다시 조금씩 늘어나고 있습니다. 꾸준한 모니터링과 지속적인 생태 복원 노력의 결과라고 생각합니다. 이처럼 활동의 지속성이 무엇보다 중요합니다.

6. 앞으로 활동의 방향과 계획은 무엇입니까?

두꺼비의 서식지인 구룡산이 장기 미집행 도시공원으로, 2020년 7월 1일까지 지자체에서 토지를 매입하지 못하면 근린공원을 해제해야 하는 상황입니다. 청주시는 구룡산 근린공원의 30퍼센트를 민간 개발해 아파트를 지으려고 합니다. 이를 막아 내지 못하면 지금까지의 두꺼비 살리기 운동은 의미가 없어지는 상황이지요. 현재 가장 시급한 과제는 구룡산을 지키는 일입니다.

또한 두꺼비생태공원이 다양한 생물들이 살아가는 생태 복원지고 인간화기기 위한 노릭에 필요합니다. 현재 두꺼비생태공원은 법률적으로 근린공원에 해당하는데, 청주시 조례를 만들어 생태공원으로서의 위상을 갖추고 시민들에 의한 공원 관리운영이 지속적으로 이어질 수 있도록 제도적 장치를 마련하고자 합니다. 특히 생태 공원이 마을 커뮤니티 공간으로 자리를 잡고, 교육·문화·복지·세대통합의 공간으로 발전하도록 꾀할 것입니다. 생애 주기별 환경 교육, 1년 내내 문화 행사가 이어지는 생태 공원, 시니어클럽

어르신들의 노인 일자리 창출 공간, 세대간 벽을 허무는 생태 공원으로 자리를 잡게 되기를 기대합니다.

또한 양서류 생태 공원 운영의 경험을 바탕으로 민간양서류생태연구소를 창립해 전문 인재를 양성하고, 양서류 보전 운동의 민간 싱크 탱크를 만들고자 합니다. 이런 활동을 안정적으로 진행하기 위해 경제적 기반을 안정화시키는 노력이 필요합니다. 현실적인 위탁관리비용 확보, 자연 생태 보전을 위한 민간기금 확보 등의 노력이 필요합니다.

7. 지역 활동의 중요성에 대해 한마디 부탁드립니다.

우리는 흔히 가장 지역적인 것이 세계적인 것이라는 말을 합니다. 지역의 많은 활동가들이 생활 속에서 몸으로 마을 주민들과 부딪치는 것을 어려워합니다. 지속가능한 지구, 지속가능한 대한민국, 지속가능한 청주가 되기 위해서는 지속가능한 마을이 되어야 합니다. 경제, 생태 환경, 교육 문화의 영역에서 각 주민들 또는 주민 조직과 상호 협력적인 연대를 만들어 갈 때 우리가 꿈꾸는 일이 현실로 다가올 것입니다.

8. 지역의 도코로지스트가 되어 활동하고자 하는 사람들에게 하고 싶은 말이 있다면?

그 지역의 장소를 깊이 있게 들여다볼 필요가 있습니다. 역사적 장소인지, 환경적으로 가치 있는 장소인지를 파악해야 합니다. 또한 장소에 대한 애정이 필요합니다.

거꾸로 그런 의미의 장소를 만들어 볼 필요도 있습니다. 규모가 크지 않더라도 생물 서식 공간을 직접 만들어 볼 수 있겠지요. 학교나 근린공원 등의 장소를 지역 사회와 공유하는 것도 좋을 것 같습니다. 예를 들어 작은 연못이나 논 습지, 텃밭을 만들어 지역 사회와 함께 관리할 수 있겠지요. 이 과정에서 주민 참여가 기본이 되어야 함은 물론입니다.

5

황새 지킴이 **도연 스님**

1. 활동은 언제부터 시작하셨는지요? 또 활동 지역은 어디신 지요?

2004년 12월, 강원도 철원평야에서 두루미를 관찰하다 황새를 발견하고 촬영했습니다. 철원평야에서 황새가 촬영된 첫 기록입니다. 그후 겨울이면 월동을 위해 한국으로 날아오는 황새들을 관찰하기 시작했지요. 한국에 도래하는 황새는 백령도를 시작으로 서해안과 남해안에서 발견되는데, 약 20여 개체가 됩니다. 황새가 도래하는 곳은 대개 간척지의 넓은 농경지와 바다와 가까운 염습지입니다.

2. 활동 내용을 간략하게 소개해 주세요.

2014년 3월 18일 경상남도 김해시 화포천 지역에서 황새 한 마리가 발견되었습니다. 확인 결과 일본에서 날아온 J0051 황새였습니다. 나는 J0051에게 봉순이라고 이름을 붙였지요. 봉하마을에 날아온 여자아이라는 뜻입니다.

봉하마을은 고 노무현 대통령의 고향입니다. 마을 앞으로 화포천이 흐르고 기차가 지나가는 전형적인 시골 마을이에요. 노무현 대통령은 2008년 2월 퇴임 후 봉하마을로 귀향해 마을 가꾸기에 나섰고, 마을 앞을 흐르는 화포천 정화 작업을 시작했습니다. 주변 농공 단지에서 흘러내리는 폐수로 오염된 화포천이 정화되자 물고기가 돌아왔습니다. 2009년 노무현 대통령의 갑작스런 서거 후 화포천은 생기를 잃었지만 마을 사람들은 그의 유지를 받들어 주변 농경지를 유기농으로 바꾸었습니다. 그리고 2014년 그곳에 황새 봉순이가 나타난 것입니다.

봉하마을에 나타난 황새에 한국의 문화재청과 환경부, 조류보호협회 등에서는 그다지 큰 관심을 갖지 않았고 한국교원대학교 황새연구센터에서도 이따금 조사만 할 뿐이었습니다. 한국은 1970년대에 황새가 멸종한 후 한국교원대학교 황새복원센터에서 1996년부터 복원 사업을 시작했고, 2014년 현재 156마리의 황새를 복원한 상태입니다. 그러나 나는 야생에서 사는 황새를 연구하는 일이 복원 황새의 정착을 위해 꼭 필요하다고 판단했기 때문에 홀로 J0051 봉순이를 추적하고 기록하기 시작했습니다.

봉순이는 화포천 주변 유기농 지역이 아닌 곳에서도 활동했는데, 벼가 자라면서 농약이 살포되자 어디론가 사라졌습니다. 과거 황새가 사라진 것도 농약의 대량 살포와 환경 변화가 주된 원인이었던 것처럼 봉순이도 농약을 기피했습니다. 2014년 10월 20일, 화포천에서 사라진 봉순이가 100킬로미터 떨어진 경상남도 하동군 농경지에서 발견되었습니다. 그곳은 민물과 바닷물이 만나는 지역이었고 간척지였으며 유기농 지역이었습니다. 봉순이는 먹이가 풍부하고 환경이 좋은 곳을 찾아간 것입니다.

하동에서 봉순이는 야생 황새와 함께 있었는데, 나는 야생 황새에게 '하동이'라는 이름을 선물했습니다. 그리고 하동 군수를 찾아가 봉순이의 보호조치를 요구했지요. 하동군은 봉순이가 활동하는 지역의 습지에 다섯 개의 낚시금지 안내판을 세우고 내 숙소이자 연구소 겸 감시 초소를 설치했습니다. 며칠 후 하동 습지에서 2014년 4월 교원대학교 황새복원센터에서 치료 중 탈출한 황새 B49를 발견했고, B49에게 '수일'이라는 이름을 붙여 주었습니다. 교원대학교에서 박시룡 교수와 함께 황새 복원을 시작한 고 김수일 교수를 기리기 위한 것이었습니다. 다음 날 또 한 마리의 황새를 발견했는데, 그 황새에게는 '희망'이라는 이름을 붙여 주었습니다. 이렇게 해서 하동에 봉순이, 하동이, 수일이, 희망이 등 네 마리의 황새가 모여 먹이활동을 하며 월동을 했습니다.

3. 활동에서 가장 중요하게 생각하는 것은 무엇입니까?

내 활동의 중심은 황새를 관찰하고 기록하는 일입니다. 서식지의 환경은 어떤지, 그곳에서 황새의 먹이가 되는 것은 어떤 것들인지, 먹이는 충분한지, 위험요소는 없는지, 어디서 어디로 이동하는지, 이동하는 이유는 무엇인지 등을 연구합니다. 황새는 복원되었지만 서식지의 복원은 요원합니다. 결국 서식지의 복원이 황새 복원의 성공 여부를 결정하게 될 것입니다.

황새 연구 외에 황새 보호 활동과 서식지 보호 및 복원 활동을 합니다. 한국에는 현재 열 마리의 황새가 자연 방사되었고, 그중 한 마리가 폐사되어 현재 아홉 마리의 황새가 야생화되고 있습니다. 2016년 7월 18일에는 예산군 황새공원에서 황새 방사가 이루어질 계획입니다. 황새 복원은 단순히 생태 복원만 의미하지 않습니다. 황새 복원은 인간성 복원(회복)과 일치합니다. 황새가 살아야 인간 도 살 수 있기 때문입니다.

4. 앞으로 활동의 방향과 계획은 무엇입니까?

황새가 활동하는 곳은 논과 둠벙, 농수로, 얕은 하천, 범람 지역, 기수역(汽水域) 등입니다. 특히 논에서 먹이활동을 하는 시간이 많기 때문에 농사를 짓지 않으면 황새도 살아갈 수가 없습니다. 또한 황새를 추적하고 관찰하는 동안 황새가 바닷가에서도 먹이활동을 하는 것으로 밝혀졌습니다. 황새가 사라진 이유는 농약과 서식지의 파괴 때문입니다. 특히 농약은 황새의 번식을 방해합니다. 결국 유기농으로의 전환만이 황새가 정착할 수 있는 대안인 것입니다.

5. 지역의 도코로지스트가 되어 활동하고자 하는 사람들에게 하고 싶은 말이 있다면?

"홀로 있으라. 그래야 공부가 된다." 법정 스님이 내게 하신 말씀입니다. 물론 저잣거리에서도 공부는 됩니다. 하지만 사람마다 근기(根氣)가 있는 것처럼 나에게는 홀로 있음으로써 공부가 될 거라고 말씀하신 듯합니다. 아무튼 나는 대중(여러 스님)들과 오랫동안 섞여 살다가 홀로서기를 작정했습니다. 출가에 출가를 더한 것입니다.

홀로 살다 보니 식물이 눈에 들어왔습니다. 하지만 아는 게 너무 없어 여러 종류의 식물도감을 준비해 식물에 대해 공부하기 시작했습니다. 그러자 이번에는 곤충이 눈에 들어오고 새가 눈에 들어왔습니다. 마찬가지로 도감을 준비해 공부했지요. 그리고 식물과 곤충과 새와 사람은 별개지만 상호 밀접한 관계를 맺고 있다는 걸 알게 되었습니다. 저 혼자 피는 꽃, 알을 낳고 무책임하게 죽어버리는 곤충, 날개를 가진 새, 그 중에서 날개를 가진 새가 나의 중요 관심사였습니다.

마침내 새는 '손 대신 날개를 선택한 존재'라는 것을 깨달았습니다. 그것은 '소유 대신 자유'라는 뜻이었습니다. 그러므로 새는 이미 소유를 버리고 자유로움을 선택한 존재였던 것입니다. 이는 수행자가 본받아야 할 진리죠. 십 수년 동안 새와 친해졌고, 입소문을 타고 삼삼오오 사람들이 찾아왔습니다. 나는 사람들에게 손 대신 날개를 선택한 새 이야기를 들려주었지요. 도코로지스트가 되고자 하는 이들에게도 동일한 이야기를 들려주고 싶습니다.

참고문헌

◆ 하마구치 데쓰이치의 저서와 글

《생물들의 지도를 만들어보자》, 이와나미주니어신서, 2008.

《생물들의 지도가 이야기하는 마을의 자연》, 이와나미신서, 1998.

《방과후박물관에 어서 오세요 지역과 시민을 연결하는 박물관》, 치진서간, 2000.

《자연관찰회를 진행하는 방법》, HSK, 2006.

《버드워칭 입문. 새들의 생활을 관찰한다》, 분이치소고출판, 1997.

《망성》 2009년 10월호, "자전거는 자연관찰의 가장 좋은 친구", 동해교육연구소.

《망성》 2009년 1월호, "타임슬립 오리엔테이션 진행", 동해교육연구소.

《망성》 2008년 6월호, "나만의 지도를 만드는 즐거움", 동해교육연구소.

◆ 장소의 인식, 장소에 가지는 애착, 라이프 스타일에 관한 책

《그린 에코라이프 농사와 연결되는 녹지생활》, 신지 이소야, 쇼가칸, 2010.

《환경을 안다는 것은 어떤 것일까, 유역생활로의 추천》, 요로 타케시·키시 유지,
       PHP사이언스월드신서, 2009.

《자연으로의 시선 내추럴리스트들의 대지》, 키시 유지, 키노쿠니야서점, 1996.

《공간의 경험 신체로부터 도시로》, 이프 트앙 저, 야마모토 히로시 역, 치쿠마학예문고,
       1993.

《고향이라는 이상》, 우치야미 타카시, 신초센시, 2005.

《지구를 파괴하지 않는 생활방법》, 츠치다 타카시, 이와나미주니어신서, 1990.

《강의 이름》, 카와바타 히로토, 하야카와문고, 2006.

◆ 기타

《아빠의 비법, 일도 육아도 즐기는 방법》, 안도 테츠야, 생활인신서, 2008.

《2100년 인구 1/3 일본》, 키토 히로시, 미디어팩토리 신서, 2011.

《스스로 조사하는 기술 시민을 위한 조사 입문》, 미야우치 타이스케, 이와나미 액티
       브신서, 2004.

《읽고 알고 즐긴다 지도를 이해하는 사전》, 타시로히로시·호시노 아키라, 일본실업
       출판사, 2000.

도코로지스트!

step 4
기록하자

보이스 레코더
디지털 카메라
루페
쌍안경
필드 노트
색볼펜
플라스틱 케이스

step 5
기록을 관리하고 발신하자

블로그
생물 달력
생물 지도

step 6
이제 멋진 도코로지스트!

많은 사람들과 같이 하며 필드를 소중히 지켜 나가자!

물푸레생태교육센터 활동가들.